BUZZ

© Anish Batlaw e Ram Charan, 2022
© Buzz Editora, 2024
Publicado mediante acordo com a IdeaPress Publishing em conjunto com o agente legalmente indicado, 2 Seas Literary Agency, e o coagente Villas-Boas & Moss Agência e Consultoria Literária.

TÍTULO ORIGINAL *Talent: The Market Cap Multiplier*

PUBLISHER Anderson Cavalcante
COORDENADORA EDITORIAL Diana Szylit
EDITOR-ASSISTENTE Nestor Turano Jr.
ANALISTA EDITORIAL Érika Tamashiro
PREPARAÇÃO Fernanda Marão
REVISÃO Daniela Georgeto e Olívia Tavares
PROJETO GRÁFICO Estúdio Grifo
ASSISTENTE DE DESIGN Lívia Takemura
CAPA Pete Garceau

Nesta edição, respeitou-se o novo Acordo Ortográfico da Língua Portuguesa.

Dados Internacionais de Catalogação na Publicação (CIP)
(Câmara Brasileira do Livro, SP, Brasil)

Batlaw, Anish
  Talento: O multiplicador de valor de mercado /
  Anish Batlaw, Ran Charan
  Tradução: Cássia Zanon
  1ª ed. São Paulo: Buzz Editora, 2024
  160 pp.

Título original: *Talent: the Market Cap Multiplier*
ISBN 978-65-5393-209-8

1. Autoajuda (Psicologia) 2. Liderança 3. Sucesso
4. Talentos I. Charan, Ran. II. Título.

24-217258   CDD 158.1

Índice para catálogo sistemático:
1. 1. Sucesso profissional: Psicologia aplicada 158.1

Eliane de Freitas Leite, bibliotecária, CRB-8/8415

Todos os direitos reservados à:
Buzz Editora Ltda.
Av. Paulista, 726, Mezanino
CEP 01310-100, São Paulo, SP
[55 11] 4171 2317
www.buzzeditora.com.br

ANISH BATLAW
RAM CHARAN

TALENTO

O MULTIPLICADOR
DE VALOR DE MERCADO

TRADUÇÃO
CÁSSIA ZANON

7

INTRODUÇÃO
TALENTO DE ALTO DESEMPENHO
É O MULTIPLICADOR DE VALOR DO MERCADO

17

CAPÍTULO 1
TALENTO: O MOTOR DE CRIAÇÃO DE VALOR

27

CAPÍTULO 2
COMO UM CEO DE ALTO POTENCIAL
FEZ A RECEITA AUMENTAR 75 VEZES

49

CAPÍTULO 3
A PREPARAÇÃO DE UM CEO DINÂMICO PARA O
PRÓXIMO NÍVEL DE HIPERCRESCIMENTO

67

CAPÍTULO 4
UM LÍDER ASSUME RISCOS E FAZ UMA FÊNIX
CORPORATIVA RESSURGIR DAS CINZAS

91

CAPÍTULO 5
**PRIORIZAR TALENTO E COLABORAÇÃO PARA
IMPULSIONAR A CRIAÇÃO DE VALOR**

103

CAPÍTULO 6
**REPENSAR O MITO DE QUE
"EM TIME QUE ESTÁ GANHANDO NÃO SE MEXE"**

119

CAPÍTULO 7
A IMPORTÂNCIA DE APOIAR O LÍDER CERTO

133

CAPÍTULO 8
**CONSTRUIR UMA EQUIPE DE LIDERANÇA
PARA UMA FUSÃO BEM-SUCEDIDA**

149

CONSIDERAÇÕES FINAIS

157

AGRADECIMENTOS

DE ANISH
Dedicado à minha mãe e ao meu pai, Lalita e Narendra.

DE RAM
Dedicado aos corações e às almas da família estendida de doze irmãos e primos que viveram sob o mesmo teto por cinquenta anos, cujos sacrifícios pessoais tornaram minha educação formal possível.

INTRODUÇÃO

TALENTO DE ALTO DESEMPENHO É O MULTIPLICADOR DE VALOR DE MERCADO

RAM CHARAN

Conheço Anish Batlaw há 25 anos, desde seus dias como executivo sênior de recursos humanos na PepsiCo e na Novartis; e depois quando foi gestor de talentos nas empresas do portfólio da TPG. Sempre me impressionou profundamente a adoção pioneira que ele fez de uma visão importante — a de que o trabalho de identificar e cultivar talentos executivos de alto desempenho não deve ser uma função corporativa periférica, isolada em uma torre, fora da estrutura central de liderança, mas uma parceria crítica na criação do sucesso nos negócios. Pode parecer apenas uma ideia técnica, que envolve mover umas caixas em um organograma, mas, ao lidar com dezenas de empresas líderes, aprendi que se trata de uma inovação potente baseada em um insight ainda mais potente. Ano após ano, Anish aprimorou seu histórico invejável de sucesso ao identificar, recrutar e apoiar o capital humano que é o motor essencial da criação de valor. Ele compartilha comigo a compreensão, corroborada por anos de experiência, de que o talento ágil e colaborativo vem antes da estratégia no incansável drama do sucesso corporativo.

Certa noite, não faz muito tempo, Anish e eu saímos para jantar, e fiz a ele uma das perguntas favoritas de Jack Welch: "Quais são as novidades, Anish?". Para Jack, essa pergunta não era conversa fiada, mas um esforço para ter uma visão de vanguarda dos sistemas de gestão e ouvir novas técnicas e perspectivas. Anish entendeu a intenção e me ofereceu uma explicação fascinante de como estava inovando no desenvolvimento de talentos para a General Atlantic, a respeitada empresa de *private equity*, e apoiando as empresas do portfólio com sua abordagem disciplinada. Ele contou que refinou uma metodologia significativamente mais rápida do que o processo de busca usual, além de mais sistemática. Sua média de acertos para direcionar profissionais de alto desempenho para as funções certas havia subido rapidamente acima do normal. Os bons retornos de investimento que a empresa dele vinha obtendo reforçavam o valor de sua metodologia. Fiquei intrigado e começamos a trocar ideias.

O que mais me impressionou foi a principal métrica usada por ele ao falar sobre as empresas do portfólio. Por muitos anos, investidores e muitas empresas de *private equity* focaram com prioridade no EBITDA — o fluxo de caixa —, em parte porque muitos analistas e investidores institucionais consideravam unicamente essa medida. Mas, em nossa conversa, Anish falou sobre valor de mercado e sobre como ele trabalhou para multiplicar esse valor como sua principal métrica. Era uma perspectiva aparentemente simples, mas importante, que chamou a minha atenção.

As empresas de *private equity* medem o desempenho observando a taxa interna de retorno e o múltiplo do capital investido para seus investidores, com as empresas de primeira linha visando um múltiplo de cerca de duas vezes e meia e, eventualmente, concretizando mais de quatro vezes em cinco ou seis anos.

Já as empresas públicas geralmente medem o retorno do acionista no curto prazo (por exemplo, de um a três anos). Essas empresas podem aprender com as de *private equity* de primeira linha a se concentrar na criação de valor no longo prazo. O talento é um componente essencial disso.

Anish mencionou uma empresa do portfólio da General Atlantic e mostrou entusiasmo quanto à liderança dela e às perspectivas de expansão rápida dos negócios, aumentando mais de quatro vezes o valor do acionista no intervalo de quatro a cinco anos. O que me pareceu incomum foi o rigoroso processo que ele seguiu para analisar e desenvolver uma estratégia de talentos para as empresas do portfólio. Ele tem um manual baseado em dados integrado aos objetivos de negócio que a General Atlantic tem para seus investimentos.

Ele descreveu como vinha trabalhando em estreita colaboração com os parceiros da General Atlantic, bem como com a equipe de liderança da empresa do portfólio, para simplificar e melhorar a estrutura organizacional e o ritmo operacional para expandir os negócios. Anish estava implantando uma metodologia precisa e comprovada para colocar talentos de alto desempenho nos lugares certos, na hora certa. Ele pensava como um empreendedor, um proprietário, e responsabilizava-se não por marcar caixas, mas por entregar múltiplos em valor.

Simplificando, ele estava destruindo a visão antiga e limitada do que um CHRO (*Chief Human Resources Officer*) faz e transformando-a em um direcionador essencial no processo de criação de valor. Ele trouxe uma nova perspectiva para uma filosofia que defendo há anos, de que apenas os executivos mais inovadores, ágeis e focados em dados podem tomar decisões rápidas em tempo real, reagir às condições de um mercado em crescente mudança e aproveitar ou criar as melhores oportunidades. Meus livros frequentemente são escritos com profissionais, para que eu possa destacar suas experiências no mundo real e explicar os princípios e lições por trás do trabalho deles. Enquanto Anish explicava sua própria metodologia para revolucionar a função normal de um diretor de recursos humanos e reinventar o manual operacional do C-Suite,* percebi que havia um livro importante a ser escrito para destacar essa visão e transmitir os métodos de uma forma que beneficiaria outros executivos de alto desempenho ansiosos para entender o processo de criação de valor.

A pandemia do coronavírus surgiu repentina, inesperada e tragicamente no início de 2020. A quebra econômica foi global e sem precedentes nos tempos modernos, perturbando vários princípios comprovados de comportamento corporativo. Mas essa paralisação forçada deixou ainda mais evidentes o papel crítico de líderes voltados para o futuro e orientados por dados, além da urgência de implantar a metodologia que Anish e eu descrevemos neste livro. Colocar capital humano excepcional nas estruturas organizacionais de melhor desempenho talvez seja a melhor maneira de enfrentar essa crise econômica e aproveitar as oportunidades escondidas em meio às ruínas. É, em última análise, um modelo extremamente otimista, porque se trata de crescimento, de empolgar equipes de gestão, de inspirar inovação. Talento cria valor. Todo líder depende disso. O talento afeta as oportunidades e os modelos de negócios, as estratégias, a aquisição de clientes e a execução estratégica. Isso é o que há de novo e diferente no que descrevemos aqui.

Quem são os profissionais excepcionais? Como eles causam esse impacto? O modelo deles é replicável? Este livro explica uma metodologia e uma prática que podem gerar ganhos imensos para os acionistas, em muitos casos superiores a quatro vezes mais ao

---

* Termo usado para se referir aos executivos mais experientes de uma companhia. (N. E.)

longo de quatro a seis anos. Nós apresentamos os métodos por meio da análise de seis estudos de caso do mundo real, extraindo as lições críticas, os desafios, os quase erros e os resultados que todo líder precisa entender.

As empresas apresentadas nos estudos de caso demonstram alto grau de diversidade. A maioria tem sede nos Estados Unidos; porém duas ficam no Reino Unido, uma na Suécia e outra na Índia. Algumas têm operações internacionais além de suas fronteiras, e outras, apenas domésticas. Algumas são lideradas por CEOs do gênero feminino, outras, por CEOs do gênero masculino. Uma está em recuperação e outra acaba de concluir uma fusão, e o restante está em fase de hipercrescimento. Uma das empresas é de grande porte e as outras são de médio e pequeno porte. Independentemente da situação, cada empresa implementa um manual de talentos para reduzir o tempo de criação de valor.

Este livro e sua análise oportuna dão continuidade à minha carreira de cinquenta anos como consultor de grandes corporações, seus conselhos, CEOs, CHROs e gerência intermediária. Como parte disso, identifiquei profissionais que fazem diferença real, não uma ou duas vezes, mas de forma consistente e contínua, por conta de suas percepções superiores e de práticas e habilidades inovadoras que os ajudo a desenvolver.

Nossos seis estudos de caso colocam você dentro do processo, do drama diário e, principalmente, do pensamento de Anish. Você verá como ele, com sua equipe e seus parceiros, diagnostica os problemas e elabora as soluções. Você observará como conduzem entrevistas, coletam dados meticulosamente, fazem duzentas ou mais páginas de anotações e mantêm tabelas de pontuação para garantir que as avaliações sejam o mais objetivas e sistemáticas possível.

É assim que a metodologia dele se desprende de práticas, instintos e especulações antiquadas e se aprofunda na realidade operacional, revelando os impedimentos para a produção de retornos consistentes e evidenciando o que precisa ser mudado para se atingir os objetivos. É um processo incomum, mas pode ser aprendido. Tradicionalmente, sabemos, o setor de recursos humanos não desempenha um papel tão central na maioria das corporações. O RH fica isolado em uma torre. Raramente o CHRO tem um senso de propriedade ou é responsabilizado por melhorar o desempenho geral dos negócios. Essa *accountability* é fundamental para o processo inovador que Anish vem desenvolvendo e aplicando.

Explicada em detalhes, com nuances e uma noção dos desafios das situações do mundo real, essa metodologia é replicável. Ela é exponencialmente melhor do que as abordagens antigas e fragmentadas do departamento de RH tradicional. Essas são algumas das lições fundamentais que extrairemos desses estudos de caso.

O caso da Oak Street Health, uma empresa de hipercrescimento excepcional que está construindo uma rede nacional de clínicas para tratar pacientes do Medicare, mostra como CEOS/fundadores jovens e extremamente talentosos podem se beneficiar de um desenvolvimento cuidadoso e de suporte de liderança para ajudá-los a formar a equipe certa e, ao mesmo tempo, prepará-los para os rigores da operação de uma empresa complexa que está se multiplicando em tamanho e valor à medida que se expande por todo o país.

A história da Vishal Retail, rede pioneira de megalojas na Índia, acompanha como uma empresa — à beira do colapso na época do investimento — foi colocada em um caminho de enorme crescimento e sucesso ao contratar não apenas um excelente CEO, mas também cercando-o de uma equipe de liderança de alto desempenho. Anish ainda colaborou com orientação e suporte inteligente no conselho. Foi uma operação de reconstrução extraordinária, liderada por novos talentos que foram exaustivamente pesquisados.

O Depop é um empolgante revolucionário do comércio eletrônico que teve um desempenho excelente em seu mercado doméstico, o Reino Unido, mas que precisava de muitas atualizações se quisesse atingir o objetivo de tornar global seu aplicativo de revenda de vestuário e, especialmente, competir com sucesso nos Estados Unidos. Uma CEO altamente qualificada foi avaliada cuidadosamente e recebeu apoio para reconfigurar sua equipe de liderança, atualizando várias funções importantes e melhorando a comunicação com a equipe para dar início a uma reorganização que pudesse administrar esses desafios.

A Argus Media é uma empresa extremamente promissora de preços de commodities e inteligência de mercado de energia que enfrentou turbulências na época do investimento devido a um conflito entre o CEO e o presidente. Isso evidentemente pode acontecer no mundo real, e os CTOs (*Chief Technology Officers*) precisam aprender a lidar com situações como essa com uma abordagem cautelosa, objetiva e baseada em dados para garantir que o gerenciamento correto seja implementado — não para resolver os problemas momentâneos, mas para poder conduzir o negócio para onde ele precisa estar dentro de três a cinco anos. A decisão final para saber qual desses dois executivos ficaria e qual teria de sair exigiu foco na necessidade de selecionar o líder que conseguiria criar valor de longo prazo, o que valeu muito a pena.

No caso do Hemnet, o principal site de compra e venda de imóveis na Suécia, demonstra-se o cuidado necessário para avaliar um CEO em exercício no momento do investimento. Anish precisava determinar rapidamente se o presidente na época era a pessoa certa para expandir a empresa no futuro e, caso não fosse, como eles selecionariam um substituto de alto desempenho que tivesse conhecimento de tecnologia em um mercado relativamente pequeno. O caso também mostra o papel essencial de apoiar um novo CEO, avaliando a estrutura organizacional, o ritmo operacional da equipe de liderança e fornecendo orientações sobre como otimizar o negócio para suportar as tensões de escala.

A lição mais importante de todos os casos que analisamos é que a aplicação dessa metodologia de talentos provou ser, repetidamente, uma criadora de valor confiável. Verifiquei todos os casos para garantir que avaliamos os métodos e descrevemos os resultados de maneira correta. Explicamos como entender e implementar essa abordagem inovadora para a gestão de talentos pode dar suporte ao processo de tomada de decisões mais rápidas e permitir o pensamento perspicaz de CEOs e equipes de liderança para traçar estratégias criativas. É uma questão de disciplina, análise, desempenho e aumento exponencial de valor. Trata-se de interromper e repensar o papel do talento e da liderança na organização.

Nas mãos de Anish, o planejamento e a execução do C-Suite foram transformados. Em minha longa carreira como consultor de CEOs e conselhos diretivos, sempre aconselhei grandes corporações sobre a primazia das questões de talento, e alguns dos 31 livros que escrevi descreveram minha própria aceitação de longa data do indiscutível e, às vezes, subestimado papel que o capital humano desempenha na entrega de valor. Se você acertar essa questão, todo o restante vem atrás.

Mas há uma lição relacionada a isso. Esse modelo não serve apenas para empresas de *private equity* ou mesmo startups de capital de risco. Essas empresas podem ter a flexibilidade de adotar essas percepções rapidamente, mas até mesmo algumas corporações extremamente grandes e respeitáveis demonstraram que o foco inteligente na preparação de talentos de alto desempenho e em dar a eles o suporte necessário para crescer pode criar surpreendentes múltiplos de valor. É o que mostramos no capítulo sobre a Johnson & Johnson.

Você, leitor, provavelmente é um CEO ou um C-Suite inovador incansável e compartilha desse compromisso de oferecer valor de mercado maior. Isso é uma força. Este livro ajudará você a chegar lá.

CAPÍTULO 1

TALENTO: O MOTOR DE CRIAÇÃO DE VALOR

**WILLIAM E. FORD, PRESIDENTE
E CEO DA GENERAL ATLANTIC**

A General Atlantic tem uma longa história de sucesso como investidora pioneira em ações de crescimento, aplicando uma fórmula distinta, que permite à empresa criar múltiplos de valor excepcionais ao desenvolver grandes empresas. A empresa foi fundada pelo empresário e filantropo Chuck Feeney, que já havia estabelecido a varejista de aeroportos Duty Free Shoppers. Em 1980, ele instituiu a General Atlantic como uma entidade de investimento direto para apoiar fundadores visionários, além de ampliar sua capacidade de "retribuir" e cumprir sua missão de doar sua riqueza acumulada durante a vida.

Em 1982, Chuck fundou formalmente a Atlantic Philanthropies. A organização operou anonimamente durante os primeiros quinze anos pelo desejo de Chuck por flexibilidade e discrição. Em seus 38 anos de existência, a Atlantic Philanthropies distribuiu cerca de US$ 10 bilhões em doações, criando oportunidades e promovendo justiça e equidade em comunidades ao redor do mundo. Chuck um dia disse: "Vejo poucos motivos para adiar as doações quando tanto bem pode ser alcançado por meio do apoio a causas valiosas". Esse é o princípio orientador da filosofia *Giving While Living* ("doar durante a vida"), que se tornou uma inspiração para tantos filantropos e ainda hoje permeia a cultura da GA.

A equipe fundadora da General Atlantic, incluindo Steve Denning, ex-CEO e presidente emérito, e Dave Hodgson, vice-presidente, acreditava profundamente no poder da tecnologia e em seu potencial onipresente. A força da empresa está na parceria com empreendedores e equipes de liderança de alto desempenho e na expansão de negócios globais promissores, investindo em produtos inovadores, novos mercados e, principalmente, em pessoas. É uma filosofia exclusivamente otimista, um compromisso de manter durável o sucesso de negócios e, assim, aprimorar as inúmeras partes interessadas, clientes, funcionários e executivos, comunidades e investidores.

Mesmo com o sólido histórico da GA, Bill Ford, nosso CEO desde 2007, refletiu sobre essa fórmula alguns anos atrás e sentiu que poderíamos nos sair ainda melhor. Os objetivos dele concentravam-se no que sua longa experiência no setor lhe dizia ser um dos elementos mais evasivos, porém importantes — e de muitas maneiras subestimados —, no sucesso dos negócios do portfólio da GA: talento.

Bill acreditava que, em muitos casos, estava demorando demais para instalar as equipes de liderança certas nas empresas do portfólio, ou que as empresas estavam mudando de liderança várias vezes antes de encontrar a pessoa certa, o que lhes custava um tempo valioso e diminuía os retornos. Os dados claramente sustentavam sua visão. Bill decidiu, então, que a solução era investir na criação de uma abordagem abrangente, disciplinada e orientada por dados para identificar, avaliar e nutrir talentos de alto desempenho e construir culturas de elevada performance de maneira constante. Sua visão fundamental, corroborada por uma análise do nosso desempenho ao longo dos anos, sugeria que o talento era o principal motor da criação de valor, especialmente na desafiadora, e em constante mudança, economia do conhecimento atual. Colocar os líderes certos no devido lugar de forma rápida e com mais constância precisava se tornar uma disciplina central para a empresa.

"Eu tinha uma profunda convicção, especialmente em relação a empresas em crescimento, de que o talento era a variável mais significativa para diferenciar o desempenho excepcional do simples sucesso", disse Bill em uma entrevista. "Antes, nos concentrávamos em ter o investimento certo, o preço certo e a estrutura do negócio. Mas aprendemos que o talento é tão importante quanto todas essas coisas." Por conta própria, Bill tornou-se uma espécie de evangelista de talentos e executou uma série de medidas concretas que foram transformadoras para a empresa e seu portfólio.

Hoje, a função de talentos da GA é parte integrante do processo de investimento, profundamente envolvida na gestão do portfólio e parte crítica da criação de valor. Como parceiro operacional dentro da empresa, minha função é totalmente focada em apoiar as empresas do nosso portfólio na construção de equipes de gestão e de conselhos de administração de alta qualidade e no desenvolvimento de forças de trabalho diversas e altamente engajadas. Esse trabalho é possível graças ao patrocínio de Bill.

Como Bill, estudei liderança durante toda a minha carreira e testemunhei em primeira mão o impacto que o talento tem na criação de valor. Trabalho no setor de *private equity* há mais de catorze anos, sete deles na GA e, antes disso, seis anos na TPG Capital. Antes de ingressar no setor de *private equity*, trabalhei na PepsiCo, na Microsoft e na Novartis, onde entendi o impacto universal que a gestão estratégica de talentos tem em empresas de diferentes setores, regiões geográficas e estágios de escala.

Poucos meses depois do meu ingresso na GA, Bill e eu definimos a meta de longo prazo de "colocar a equipe de gestão certa nas empresas do portfólio no prazo de seis meses depois de fecharmos uma negociação". Foi um primeiro passo crítico e, mais importante, tornou-se uma meta de toda a empresa que compartilho com meus parceiros de investimento. Em seguida, em 2016, trabalhei com Bill e nossos sócios para codificar a abordagem em uma série histórica de relatórios. O modelo, que chamamos de "manual de talentos", constitui-se de uma base de análise rigorosa de dados, uma metodologia consistente e resultados replicáveis.

"Desenvolver capacidade de liderança nas empresas de nosso portfólio é uma das coisas mais importantes que fazemos", escreveu Bill certa vez.

Para elaborar esse manual, começamos analisando os dados de nossos investimentos durante doze anos. As descobertas foram impressionantes. Descobrimos que, quando cometemos um erro em uma mudança de CEO, a TIR (Taxa Interna de Retorno) média para esses negócios caiu cerca de 82% em comparação a quando acertamos a mudança de CEO na primeira vez. Além disso, quando uma mudança foi executada com sucesso no primeiro ano do negócio, a TIR média acabou sendo seis vezes maior do que quando a mudança era feita após o primeiro ano. Apoiar o líder e as equipes certas, assim como agir com velocidade e convicção, leva a resultados excepcionais; errar pode ser prejudicial.

Todos os negócios apresentados ao comitê de investimentos incluem uma seção dedicada ao talento e à cultura. Essa seção contém uma visão geral da capacidade de gestão atual e das necessidades futuras, da composição do conselho e observações sobre cultura e diversidade. Não olhamos apenas para um ou dois dos principais executivos de cada empresa. Também nos aprofundamos em cada organização para compreender toda a equipe de liderança, a estrutura organizacional, o ritmo operacional, os sistemas de talentos e o engajamento dos funcionários.

Depois de fechar um negócio, mergulhamos com a equipe de gestão para entender melhor as áreas de força e potenciais oportunidades de desenvolvimento, tudo no contexto de expansão da empresa. Em seguida, sintetizamos as descobertas e ajudamos o CEO a desenvolver e executar uma estratégia de talentos e organização alinhada com a proposição da negociação. Isso se tornou um processo central para a GA.

Uma das variáveis mais desafiadoras em nossa metodologia de talentos é identificar executivos que tenham capacidade para construir e gerenciar negócios muito maiores e mais complexos do que as dimensões atuais. Talvez o aspecto mais difícil dessa parte do processo seja estar disposto a dispensar líderes que podem ter um bom desempenho, ser leais e benquistos, mas que não possuem as habilidades e a liderança necessárias para guiar a empresa para a próxima etapa de sua jornada.

Os CEOS de crescimento geralmente "sabem instintivamente que têm pessoas na equipe que foram bem-sucedidas no primeiro estágio, mas que não estão equipadas para apoiar a empresa em sua próxima fase de crescimento", disse Bill. "É a parte mais difícil, especialmente quando essas mesmas pessoas foram fiéis e fundamentais para ajudar a enfrentar os desafiadores primeiros anos do início de um negócio. Eles costumam ser leais, trabalhadores e capazes, mas, se não estiverem preparados para a próxima fase, é preciso agir no melhor interesse da empresa e elevar a equipe para preparar a empresa para o sucesso."

"Mesmo como diretor do conselho, é uma sensação desconfortável ver isso acontecer", continuou Bill. "Mas esses líderes colocaram a missão da empresa e para onde queriam levar o negócio acima dessa lealdade. É uma decisão difícil. No entanto, se você não fizer essas mudanças, começará a atrasar seu crescimento."

E acrescentou: "Os CEOS de grande crescimento estão dispostos a fazer mudanças na organização mesmo quando estão indo de oitenta a cem quilômetros por hora e tomam decisões muito difíceis em relação a talentos".

Em última análise, enfatizou Bill, a maior força que ele busca em um líder de crescimento não é apenas ter uma visão perspicaz e uma estratégia para conquistá-la, mas também ter a capacidade de construir uma equipe excepcional, preparada para gerenciar maior expansão e complexidade, e impulsionar a execução.

"Os melhores são líderes, não gestores, no sentido de que os líderes levam as pessoas a lugares que elas não imaginavam ser possível. Os gestores gerenciam recursos com eficiência e promovem uma empresa de maneira muito positiva. Os verdadeiros líderes não têm objetivos irracionais — eles são racionais, mesmo quando parecem inatingíveis."

Outra iniciativa importante para avançar nossa agenda de talentos foi a construção de um banco de dados de executivos de atuação comprovada e com alto desempenho que conhecemos e a quem podemos recorrer quando surgirem necessidades em todo o portfólio. Chamamos isso de banco de talentos. Nossa função segue um processo disciplinado de busca de executivos talentosos no mercado, convidando-os a conversar conosco sobre seus objetivos e suas experiências antes mesmo de haver uma necessidade no portfólio. Nossos sócios contribuem ativamente para o banco de talentos.

A manutenção do banco de talentos é demorada e desafiadora. Nós acompanhamos mais de 4 mil — mas o retorno é significativo. Descobrimos que trabalhar com uma empresa de pesquisa para uma contratação de alto escalão geralmente leva de 150 a 160 dias. Quando podemos recorrer à nossa rede através do banco de talentos e outras vias, conseguimos fazer uma contratação importante em apenas dez dias, já que conhecemos bem os candidatos. Essa estratégia também nos permitiu construir um pipeline de diversos líderes e contribuiu para um aumento de 50% nas contratações de executivas em todo o portfólio de 2018 a 2020. Também conseguimos ajudar nossos conselhos a agregarem talentos diversificados. No final do segundo trimestre de 2021, 52% dos diretores independentes em nossos conselhos nos Estados Unidos eram diversos.

O impacto desse mecanismo está se mostrando dramático, especialmente em um mercado de talentos altamente competitivo. Depois de lançar o banco de talentos em 2015, obtivemos 30% das colocações de todo o portfólio de nossa rede apenas três anos depois. Somente no primeiro trimestre de 2021, 62% das contratações vieram do nosso banco de talentos. Além disso, o tempo necessário para contratar diretores de operações e diretores de conselhos caiu de 162 dias, em média, em 2014, para menos de oitenta dias no primeiro trimestre de 2021.

"Precisávamos de um acelerador para nosso processo, e o banco de talentos foi o acelerador", disse Bill em nossa entrevista. "Isso mudou o jogo e se tornou uma vantagem competitiva real para a empresa."

Nossos parceiros aderiram ao processo. "O que Anish fez foi criar muitos adeptos entre o grupo de diretores administrativos", disse Bill. "Antes, eles poderiam dizer: 'Olha, o mais difícil é encontrar o investimento e pagar o preço certo, estruturar direito, chegar a uma saída'. Mas acho que elevamos o talento a algo tão importante quanto essas coisas. Acredito que ele seja a parte mais importante do valor agregado que trazemos para as empresas."

A própria GA também é uma empresa em crescimento, como as empresas em que investimos. Sob a liderança de Bill, a empresa cresceu enormemente — os ativos sob gestão aumentaram de US$ 12 bilhões, em 2007, para mais de US$ 65 bilhões, em 2021. Ele expandiu ainda mais nossa presença internacional abrindo escritórios em Jacarta, Cingapura, Pequim, Xangai e Cidade do México, à medida que nossas perspectivas e interesses se ampliaram. Bill enfatiza que tudo isso faz parte de um objetivo mais amplo de deixar a empresa melhor do que a encontrou e garantir que ela esteja preparada para um desempenho ainda mais superior sob o comando de seus próximos líderes.

"O foco central do meu trabalho é garantir que eu faça o possível para tornar meus diretores administrativos bem-sucedidos", disse Bill. "A empresa é maior do que o indivíduo. Quando foi entregue a mim, meu trabalho era fortalecê-la e torná-la melhor, para depois entregá-la a outra pessoa. Eu penso em sucessão o tempo todo."

É importante ressaltar que Bill ajustou suas estratégias de gestão para lidar com as tensões que podem acompanhar o crescimento rápido. Ele deu o passo ousado de aplicar os mesmos fundamentos do nosso manual de talentos para mudar a forma como avaliamos, desenvolvemos e apoiamos os parceiros da GA. Sob a liderança de Bill, a GA aprendeu a desenvolver melhor o talento interno, bem como a contratar talentos externos com eficiência.

"Temos a sorte de ter um histórico de trazer pessoas como Anish, aculturando-as e tornando-as bem-sucedidas em nossa plataforma", disse Bill. "Somos únicos em nossa capacidade de fazer isso. Eu ainda diria que 60% do nosso comitê de gestão ou da equipe de liderança são locais, mas 40% vêm de fora."

Por trás dessa observação está uma verdade fundamental sobre a filosofia da GA. "Recebemos bem as rupturas e vemos a mudança como uma aliada fortalecedora", disse Bill.

No aniversário de quarenta anos da empresa, Bill escreveu: "Nas últimas quatro décadas, esta empresa tem sido uma parceira constante de empreendedores, ajudando-os a construir negócios capazes de mudar o mundo. Nossos valores continuarão guiando as decisões que tomamos: uma mentalidade global e orientação para o crescimento, com foco em inovação e criatividade. Continuamos comprometidos em apoiar nossa empresa, as empresas do portfólio, os parceiros de capital e a sociedade de forma mais ampla: para continuar lutando, progredindo e enfrentando os desafios futuros juntos, pelos próximos quarenta anos e além".

CAPÍTULO 2

COMO UM CEO DE ALTO POTENCIAL FEZ A RECEITA AUMENTAR 75 VEZES

OAK STREET HEALTH

Cheguei cedo para uma reunião nos escritórios da General Atlantic em Greenwich, Connecticut, em uma manhã de 2015. Como era novo, tendo começado na General Atlantic apenas alguns meses antes, estava acostumado a ver rostos desconhecidos no escritório. Fui o primeiro a chegar à sala de conferências, mas um jovem de trinta e poucos anos entrou logo em seguida e se apresentou. Era Mike Pykosz, CEO da Oak Street Health, uma startup focada em pacientes do Medicare, com um plano extremamente ambicioso de crescimento rápido e atendimento abrangente. Ele e outro cofundador da empresa, Geoff Price, diretor de operações, estavam lá para discutir um possível investimento.

Mike e eu nos cumprimentamos com um aperto de mãos, depois nos servimos de café e começamos a conversar. Mike rapidamente ficou sério e disse que estava encantado com o fato de a General Atlantic ter me incluído naquela reunião, embora eu fosse um executivo sênior envolvido em estratégia de talentos e liderança e não, estritamente falando, um cara de negócios. "Quero trabalhar com você", disse ele, explicando que a prioridade vital era formar a equipe executiva da empresa e das clínicas com talentos, providenciando a liderança e os incentivos certos. Isso era essencial para cumprir a promessa da Oak Street de fornecer valor superior aos investidores e excelentes resultados médicos para os pacientes idosos. Ele disse que sabia que precisava de apoio profissional nesse objetivo estratégico crítico e estava ansioso para ouvir meus conselhos.

Para mim, foi uma apresentação reveladora tanto de Mike quanto da Oak Street. Os três fundadores eram claramente inteligentes e capazes, e operavam o novo empreendimento havia mais de dois anos com alguns resultados favoráveis. Mas, como eu logo descobriria, eles tinham formação em consultoria, não em questões operacionais. Todos vinham do Boston Consulting Group, o que significava que tinham uma boa experiência em negócios, mas não muita na gestão de pessoas ou de uma empresa, especialmente em um setor tão complexo quanto o de atendimento médico para idosos. Eu queria entender melhor o que eles precisavam para realizar seus planos.

Os negociadores da General Atlantic haviam se reunido com os fundadores anteriormente e alguns de nossos especialistas em investimentos estavam acompanhando o progresso inicial da Oak Street. Os três empreendedores fundaram a Oak Street Health em 2012, abriram a primeira clínica para idosos no North Side de Chicago em 2013 e tiveram algumas conversas com a General Atlantic no ano seguinte. O grupo Oak Street compreendia bem a área da saúde em que atuava e reconhecia as perspectivas de rápida expansão, caso conseguisse ampliar o negócio adequadamente. A equipe e o plano baseado em dados entusiasmaram o parceiro de investimento que estava de olho na empresa, Robbert Vorhoff, excepcional e experiente conhecedor da área de saúde. Robb estava explorando e analisando como a lei de assistência e cuidado acessível* criava grandes oportunidades no mercado de saúde e procurava por investimentos promissores.

As empresas de assistência médica geralmente se concentram no espaço do pagador ou no de prestador de cuidados, mas não em ambos. A Oak Street estava criando uma empresa inovadora que projetava melhorias nos dois lados do sistema, aumentando drasticamente a satisfação e os resultados dos pacientes. A startup planejava construir uma rede nacional de clínicas de cuidados primários para pacientes idosos inscritos no Medicare e também para os inscritos no Medicaid. Trata-se de uma população desafiadora, muitas vezes mal atendida, que geralmente tem renda muito baixa e inúmeros problemas de saúde, muitos deles crônicos. Grande parte desse grupo também recebeu atendimento médico inadequado durante anos.

O modelo da Oak Street oferece cuidados preventivos completos e excelentes, fácil acesso e tratamento confiável de condições crônicas, reduzindo, assim, a quantidade e a duração das internações hospitalares e melhorando os resultados para uma população idosa grande e em rápido crescimento. Ao buscar alinhar os interesses do prestador de cuidados médicos, dos pagadores e dos pacientes, a estratégia da empresa também atendeu a um propósito social importante, embora negligenciado por muito tempo, melhorando grandemente a vida de muitas pessoas.

---

* O *Patient Protection and Affordable Care Act* (PPACA) ou Lei de Proteção e Cuidado Acessível ao Paciente, mais conhecido como *Affordable Care Act* (ACA) ou Obamacare, é uma lei federal dos Estados Unidos sancionada pelo presidente Barack Obama em 23 de março de 2010. Foi o maior projeto de mudança no sistema de saúde americano desde que os programas Medicare e Medicaid entraram em vigor em 1965, diminuindo o percentual de adultos sem seguros de saúde no país. (N. T.)

Cumprir essa proposição de negociação seria difícil, mas os fundadores não eram uma equipe comum. Robb os descrevia como três "jogadores classe A". Eles se conheciam havia algum tempo, trabalhavam juntos e desenvolveram muita confiança e respeito uns pelos outros, o que ajudou a fundi-los em uma equipe eficaz que multiplicava suas capacidades. Eram todos graduados em Harvard — Mike se formou em direito, Geoff em negócios e Griffin concluiu sua residência na faculdade de medicina. Eles eram analíticos, compreendiam profundamente o mercado e tinham entendimento quanto à necessidade de aprender como administrar esse negócio complexo de maneira eficaz. Mesmo assim, os planos da empresa para uma rápida expansão nacional, apesar de interessantes, ainda não estavam comprovados. Esta era a questão inicial: eles tinham experiência para operar aquele modelo para as clínicas e dimensionar a ideia conforme planejado?

Robb reconheceu que, em última análise, tudo dependia da execução, e de grande precisão nessa execução. Enquanto ouvia a apresentação naquela reunião em Greenwich, entendi o raciocínio de Robb de que o talento desempenharia um papel vital na criação de valor. A estratégia deles exigia construir e contratar equipes para clínicas em vários estados, treinar funcionários de acordo com padrões minuciosos, manter uma qualidade consistente no atendimento, estabelecer controles e conformidades rigorosas e monitorar todos os procedimentos e a comunicação com os pagadores — ou seja, as seguradoras. Isso exigia uma equipe que não estivesse presa aos métodos operacionais um tanto conservadores do setor médico. Exigia uma cultura interna consistente, que motivasse a equipe sob a visão de Mike como CEO.

Os profissionais de talento constantemente consideram a importância da experiência. Perguntamos se os candidatos a empregos ou os executivos em exercício têm experiência suficiente, se ela é do tipo certo e como podemos ajudá-los a desenvolver ou aprofundá-la. Tentamos olhar para o futuro para ver se esses líderes têm a experiência necessária para enfrentar desafios que talvez nunca tenham vivenciado. Nossa principal preocupação com a Oak Street era avaliar a capacidade das pessoas de gerenciarem o processo de expansão. Significava perguntar se poderiam administrar uma empresa de US$ 100 milhões ou mesmo de US$ 500 milhões, e não uma empresa de US$ 13 milhões — a receita na época.

Desde o início, ficou claro que Mike queria mais do que o capital da General Atlantic. Ele queria apoio estratégico no setor de saúde e tecnologia, aconselhamento sobre como poderia crescer como líder, ajuda para desenvolver uma base de talentos ágil e apoio para projetar um sistema de incentivo adequado para alinhar todos eles quanto à sua visão e garantir que, a longo prazo, fossem bem remunerados pelo desempenho superior.

Os fundadores mostraram domínio dos dados e da dinâmica de seu mercado e seus riscos. Eles falaram com paixão e lucidez sobre as clínicas e os pacientes que atendiam, a força de seu modelo de atendimento, as evidências que sustentam suas inovações e os controles de qualidade e disciplina necessários. Também reconheceram os desafios de conquistar pacientes. Ficamos sabendo que a economia modelada de suas clínicas se compara favoravelmente aos provedores tradicionais de cuidados primários. Mas eles reconheceram não ter alcançado alguns objetivos importantes. Por exemplo, ainda usavam o Excel para algumas importantes ferramentas de saúde da população e precisavam desenvolver sistemas digitais para os processos de rastreamento, relatórios e modelo de atendimento.

Mike tinha confiança no conceito de atendimento que a empresa forneceria. Essa convicção tornava seu discurso mais convincente. No final daquela reunião de três horas em Greenwich, estava satisfeito tanto com a oportunidade de entregar enormes múltiplos de valor quanto com os obstáculos. Vários pontos convergiram em minha mente enquanto revisava o que estava apurando. Mike mostrou excelente capacidade analítica e domínio dos dados necessários para aproveitar as oportunidades. Ele demonstrou um verdadeiro apetite por informação e conhecimento e buscou avidamente por apoio para sua liderança. Ele usou as métricas de rastreamento de indicadores-chave de desempenho com sabedoria. A conquista inicial de pacientes foi positiva. E ele conseguiu uma excelente referência da Humana pela qualidade da operação e pelos resultados dos pacientes.

Após a reunião, refleti sobre a conversa e se acreditava que poderíamos apoiar Mike como CEO. Sua experiência operacional era limitada, então estaríamos apostando em seu potencial e em sua capacidade de amadurecimento como líder. Como parte desse processo, reuni meus pensamentos sobre os pontos fortes dominantes de Mike, bem como as áreas em que teríamos de arriscar, combinando os dados e me perguntando se o executivo havia demonstrado capacidade de expandir o negócio — nesse caso, uma organização operacionalmente intensiva e complexa. Era importante entendermos com nitidez a natureza precisa do risco que assumiríamos para que pudéssemos reduzi-lo, se necessário.

Depois de trabalhar nesse exercício, compartilhei minha avaliação com Robb, resumida a seguir, sugerindo acreditar que Mike poderia crescer com sucesso, conforme a projeção.

HISTÓRICO Embora Mike estivesse no início de sua carreira como operador, ele tinha o histórico de cumprir as projeções iniciais, que identificamos por meio de várias reuniões com a empresa. Além disso, Mike e seus cofundadores se destacaram quando estavam no Boston Consulting Group e demonstraram progresso durante os primeiros anos de suas carreiras.

PENSAMENTO ESTRATÉGICO Dei uma nota alta a Mike por seu pensamento estratégico, seu discernimento e capacidade de examinar questões de vários ângulos. Ele é competitivo, anseia encontrar maneiras de diferenciar a empresa, é analítico e experiente em seu mercado. Mas ele parecia ter muito a aprender sobre a dimensão de varejo e marketing de seu modelo, o que afetou diretamente a conquista de pacientes.

AGILIDADE DE APRENDIZAGEM Aplaudi sua autoconsciência e autocrítica e observei que sua paixão possivelmente impulsionaria sua ânsia de aprender e crescer. Mike reconheceu abertamente que precisava de apoio, exibindo uma qualidade que a maioria dos CEOs de alto desempenho possui.

MOVIDO POR RESULTADOS Observei que Mike é ambicioso e tem uma forte orientação para a realização, definindo metas desafiadoras e incentivando a equipe a crescer. Ao mesmo tempo, ele dá um belo exemplo sobre o que é preciso para se atingir o sucesso. Ele também se concentra em dados e métricas para acompanhar rigorosamente o desempenho dos negócios.

LIDERANÇA DE EQUIPE Mike passava por uma curva de aprendizado íngreme, mas estava ciente da importância de atrair talentos de alta qualidade para a empresa. À medida que o negócio crescia, ele sentia o desafio de como capacitar a equipe e facilitar soluções compartilhadas. Ele também seria testado em sua capacidade de administrar mudanças, conduzindo-as pela arquitetura social de uma organização maior e em crescimento, e colocando-as em prática. Contratar executivos com profunda experiência operacional reduziria o risco.

INFLUÊNCIA INTERPESSOAL Descobri que Mike é um bom ouvinte, capaz de se relacionar com uma ampla variedade de pessoas, e que se comunica de maneira eficaz. Ele pode usar essas habilidades, além de sua compreensão do negócio, para encontrar pontos de influência e estabelecer parcerias.

Concluí que, de modo geral, Mike e Geoff sem dúvida eram responsáveis pela sólida perspicácia estratégica e comercial da Oak Street, mas precisavam de líderes operacionais que pudessem trabalhar em equipe e se complementar para concretizar a tese do negócio. Mike reconhecia isso. Amante do basquete desde criança, ele gostava de dizer que aprendeu com o esporte como uma alta mentalidade de equipe e habilidades complementares são importantes para a vitória. A confiança que ele tem na equipe se reflete na forma igualitária como trata seus dois cofundadores.

O que observamos, e eu viria a perceber mais profundamente à medida que trabalhava com Mike, foi sua capacidade de refletir, questionar as próprias ideias e considerar alternativas, em vez de permanecer preso a um padrão operacional. Ele entendia que, como líder, precisava constantemente encontrar um equilíbrio entre ser rigidamente lógico e orientado por dados e adotar uma abordagem mais empática para seu papel, às vezes contando com a articulação de uma narrativa forte para convencer as pessoas a seguirem sua visão. Na época, a empresa tinha uma receita de cerca de US$ 13 milhões e havia obtido capital com algumas outras empresas de *private equity*, além de um grupo de "anjos", outros veteranos da área da saúde com capital para investir. A General Atlantic assumiu uma influente participação minoritária em dezembro de 2015.

Foi um começo promissor, mas, como pode acontecer no mundo dos investimentos, rapidamente deparamos com um obstáculo. Apenas alguns meses após nosso investimento, a Oak Street nos informou que havia ficado aquém de suas projeções de pacientes cadastrados. Foi um choque. Os novos cadastros eram o impulsionador da receita, e o déficit levantava dúvidas sobre o modelo e tinha o potencial de minar a previsão financeira da empresa. Foi o primeiro período de referência depois do investimento, o que acentuou a preocupação. Eles tinham avaliado mal o mercado? O desempenho tinha sido fraco?

Robb pediu que Mike analisasse o problema, avaliasse o que deu errado e planejasse um caminho a seguir. Mike prontamente começou a trabalhar, novamente demonstrando a potência intelectual por trás da equipe da Oak Street. Ele reuniu dados e encaminhou os problemas que encontrou. Robb havia depositado muita confiança no jovem CEO em um momento em que outras pessoas poderiam ter recorrido a acusações. Essa confiança, diz Mike, gerou um novo nível de lealdade e comprometimento, e honrá-la foi a grande motivação para um desempenho melhor.

O cadastro de clientes acabou aumentando, e a Oak Street implementou os programas para tratar as necessidades complexas dos pacientes. Por exemplo, cerca de 40% deles são elegíveis para o Medicare e o Medicaid e têm uma renda anual média de menos de US$ 21 mil. Como esperado, a maioria tem mais de 65 anos. Mais de 80% têm duas ou mais doenças crônicas, como hipertensão, diabetes, insuficiência cardíaca congestiva ou doença pulmonar obstrutiva crônica, e tomam, em média, 7,2 medicamentos.

Em última análise, o sucesso da Oak Street dependia imensamente de seu modelo de atendimento clínico e da entrega de melhores resultados a um custo menor. Uma área-chave de foco para os três cofundadores era garantir que estivessem constantemente avaliando e melhorando o modelo de atendimento para obter melhores resultados para os pacientes. Eles definiram protocolos de atendimento padronizados que foram divulgados para as clínicas e seus profissionais, criando uma cultura centrada na prestação do melhor atendimento. Isso também exigiu um intenso programa de treinamento para o corpo clínico, além do recrutamento e da retenção dos melhores profissionais.

No começo, a Oak Street sustentava as clínicas com base em taxa por serviço, mas depois fez a transição para um modelo baseado em risco, no qual as várias seguradoras com as quais trabalham pagam para a Oak Street uma taxa fixa para a maioria dos pacientes, dando-lhes a oportunidade de lucrar mantendo os custos baixos. Mas o negócio também corre o risco de perdas, se os custos dos tratamentos excederem as expectativas ou se os resultados não atingirem as metas por conta de assistências inadequadas ou insatisfatórias. Isso dá à Oak Street incentivos para oferecer cuidados preventivos consistentes e de alta qualidade, fácil acesso e tratamento rápido e responsivo, limitando as emergências e melhorando a saúde geral de uma população que geralmente é mal atendida. O modelo é um grande benefício para um sistema de saúde sob muito estresse e cheio de desigualdade. Esse propósito positivo permeia a cultura da Oak Street.

Entre seus marcos, a Oak Street Health reduziu pela metade as internações hospitalares dos pacientes e as visitas ao pronto-socorro. Também reduziu em 35% as taxas de nova internação trinta dias após internações hospitalares. Durante esse processo, construiu uma excelente experiência para o paciente com um Net Promoter Score de 90%.

Para ter sucesso, as partes da operação da Oak Street precisavam ser sincronizadas para um funcionamento coordenado, com excelente monitoramento e manutenção de registros e aplicação de tecnologia sofisticada. Além de tudo, isso precisava ser feito enquanto a Oak Street estava se expandindo, inaugurando clínicas, contratando e treinando novos funcionários, e aumentando a pressão sobre a gerência intermediária e os executivos seniores. O uso de tecnologia sofisticada foi um dos segredos para alcançar todos esses objetivos. Mike reconheceu isso quando o ajudamos a contratar um CIO (*Chief Information Officer*) de alta qualidade para fortalecer a tecnologia da empresa.

Tudo dependia da execução precisa de um plano complexo e multifacetado, cuja execução eficaz consistia em uma gestão operacional experiente. O processo precisava ser replicável em dezenas de clínicas espalhadas por muitos estados. Problemas e falhas inevitáveis tiveram de ser enfrentados com agilidade e flexibilidade, sempre um desafio de gestão. Com a organização crescendo tão rápido e consistentemente, toda decisão teve um efeito acumulativo no negócio. O crescimento da empresa é complexo e exige extenso trabalho de base, tanto na seleção de locais para novas clínicas como na contratação de novos funcionários, treinamento e implantação da disciplina de custos. A Oak Street se desenvolveu de forma eficaz, mantendo o controle de qualidade e a conformidade. Quando todos esses elementos funcionam de maneira coordenada e sincronizada, o aumento do valor da empresa pode ser extremamente rápido. Também é verdade, no entanto, que erros ou má execução podem gerar acúmulos negativos com a mesma rapidez. Foi aí que Geoff, o COO (*Chief Operating Officer*) da Oak Street, desempenhou um papel fundamental.

A resposta adequada a esses desafios foi construir uma plataforma sólida para permitir o crescimento do negócio. Estávamos confortáveis com o fato de que isso poderia moderar o crescimento de curto prazo. Dessa forma, as expectativas não ficavam à frente do desempenho, e o crescimento seria mais sustentável. O resultado é que o crescimento da empresa é mais consistente e previsível. E, como depois disso as operações tendem a funcionar sem problemas, as metas de desempenho são atingidas de forma constante, e o valor se multiplica mais rapidamente.

Também recomendamos o desenvolvimento de uma equipe executiva de alta qualidade em torno do CEO e seus cofundadores. Um grande CEO estabelece altos padrões para a equipe de liderança e a constrói no contexto de onde a empresa estará no futuro, e não de onde ela está no momento. Com o tempo, Mike percebeu que precisava contratar novos CFO (*Chief Financial Officer*), diretor jurídico e diretor de recursos humanos. Com nosso apoio, e contando em parte com o nosso banco de talentos, conseguimos atrair três líderes de alta qualidade para ocupar essas funções, e eles continuam ajudando o negócio a crescer.

Uma das áreas mais críticas em que demos apoio foi no desenvolvimento de um plano de incentivo eficaz. Quando uma empresa de *private equity* é investidora, a remuneração e os incentivos dos executivos são indispensáveis para garantir que a liderança corporativa esteja alinhada com os principais objetivos de investimento de longo prazo e seja recompensada por realizar o retorno sobre o investimento baseado na premissa do negócio.

Desde o primeiro dia, a empresa dependia menos da remuneração anual em dinheiro (ou seja, salário mais bônus) e mais de concessões de ações de longo prazo que seriam adquiridas ao longo dos anos e estariam sujeitas ao desempenho. Meu colega Alex Stahl e eu trabalhamos com a Oak Street para adaptar um plano de capital inicial a uma estrutura que permitiria à empresa continuar alavancando a remuneração de capital à medida que crescia, de modo que o valor desse patrimônio fosse muitos múltiplos da remuneração em dinheiro de um participante e vinculado a um percentual de aumento no valor concebido pelo contrato. Esse retorno potencial motiva os executivos a trabalharem não apenas por metas anuais ou trimestrais, mas também visando a criação de valor a longo prazo. Isso faz com que todos pensem como proprietários e faz parte da proposta que os investidores de *private equity* oferecem aos executivos das empresas do portfólio, pois incentiva a criação de valor para todas as partes interessadas.

Nossos planos de capital estão vinculados ao aumento do valor do negócio em um período de talvez três a cinco anos, baseando-se em, por exemplo, levar uma empresa com receita de US$ 100 milhões para US$ 500 milhões ou US$ 1 bilhão. Esses planos são voltados para o desempenho, com mais direitos adquiridos para atingir um múltiplo mais alto do valor do investimento original. Nesse sistema, um executivo sênior pode ter um aumento de patrimônio maior do que dez vezes sua remuneração em dinheiro. Além disso, a General Atlantic às vezes consente que os líderes executivos invistam o próprio capital no negócio, como outra oportunidade de entregar uma recompensa que dá aos executivos a oportunidade de entrar no jogo e aumentar o alinhamento de metas. Isso realmente permite que uma empresa contrate talentos de missão crítica fora da curva.

Mike adotou essa abordagem geral, mas encontrar um bom equilíbrio foi um desafio, e ele contou conosco para ajudá-lo a ajustar seus sistemas. Foi especialmente importante nos estágios iniciais do contrato atrair o talento certo fora da curva, mantendo os salários e bônus baixos o suficiente para não queimar o caixa da empresa. O recrutamento de líderes de alta qualidade geralmente exigia que eles recebessem uma remuneração em dinheiro abaixo da média em troca da vantagem no patrimônio. Era fundamental ter comunicação e instruções claras sobre o plano de ações e fazer com que as pessoas entendessem e acreditassem na narrativa de crescimento da Oak Street para que percebessem o valor potencial de seus pacotes. A perspectiva de Mike era que, se alguém não estivesse disposto a fazer essa troca, provavelmente não era a pessoa certa para a empresa.

Mike enfrentou a dificuldade de encontrar esse equilíbrio depois que a Oak Street se firmou e estava operando com eficiência.

Alguns funcionários seniores que haviam aceitado salários abaixo da média no momento da contratação em troca de doação de capital potencialmente mais lucrativo e de longo prazo decidiram sair. Alguns queriam sacar e obter o ganho em valor ou manter o patrimônio, embora não fossem mais funcionários da Oak Street. Mas a concessão de ações estava vinculada ao período de *vesting* e, quando alguns dos que queriam sair perceberam que perderiam o patrimônio não investido, a situação criou confrontos emocionais, principalmente para aqueles que sentiam que tinham se sacrificado. Mike e eu discutimos a questão longamente e concordamos que ele deveria permanecer fiel aos princípios por trás do programa.

Algo também exclusivo de nossa filosofia de remuneração é que nossos pacotes de remuneração total são os melhores do mercado para as funções mais críticas. A maioria das filosofias de remuneração é definida para oferecer remuneração mediana de mercado para todos os funcionários, provavelmente atraindo talentos medianos ou moderados. Nós acreditamos que os melhores desempenhos em funções críticas podem impulsionar a criação de valores múltiplos acima de um desempenho médio, por isso estamos dispostos a esticar a corda quando necessário. Comparamos a compensação de capital fora da curva com base em nossas expectativas de onde a empresa estará no futuro. Mike também adotou essa filosofia e recompensa de maneira consistente os melhores desempenhos da Oak Street. Nós ajudamos a desenvolver um programa de "atualização" de patrimônio que recompensava os funcionários de alto desempenho com patrimônio adicional anualmente, retendo ainda mais os melhores talentos. A Oak Street conseguiu atrair e reter uma equipe fantástica. A equipe construiu uma empresa impactante e valiosa; por sua vez, os membros da equipe compartilharam a criação de valor.

Além disso, discutimos a melhor forma de determinar os incentivos anuais em dinheiro (bônus). Mais uma vez, a questão era o equilíbrio. Sugeri que ele determinasse metas financeiras que deveriam ser alcançadas para o pagamento de bônus de executivos, mas também insisti para que não fossem muito exageradas. Estabelecer um conjunto de bônus que ninguém consegue acessar não é um sucesso e pode ter um efeito adverso e desmotivador nos funcionários. As metas precisavam ser realistas, e Mike precisava estar confiante na capacidade de a empresa atingi-las. Eu o incentivei a simplificar o plano para se concentrar em alguns dos principais impulsionadores do negócio. Discutimos o fornecimento de vantagens no conjunto de bônus para desempenho superior e a concessão de bônus mais significativos aos melhores desempenhos. Isso daria a motivação de curto prazo que é importante para reter o pessoal-chave e, a longo prazo, atrairia e apoiaria os executivos que acreditam que podem dobrar a curva de desempenho para cima. Um programa de incentivos consistente e equilibrado também é uma boa defesa contra o roubo de executivos por outras empresas.

Outra questão importante foi construir a gerência intermediária certa para a empresa. O objetivo não era apenas conquistar altas competências para o sucesso de curto prazo, mas garantir que a empresa tivesse um pipeline de líderes, uma massa crítica de gerenciamento e capacidade de liderança. A expansão bem-sucedida dependia ativamente do desenvolvimento dessa capacidade.

Embora seja potencialmente mais caro contratar os melhores talentos de escolas de negócios ou empresas de consultoria de alta qualidade, esse quadro muito qualificado de gerentes de nível médio criaria muito valor se eles tivessem a oportunidade de amadurecer e se tornar, com os incentivos apropriados, grandes executivos de nível sênior no futuro. Com o tempo, isso permitiria que a Oak Street promovesse internamente, à medida que vagas de nível sênior fossem abertas, garantindo talentos de alta qualidade imersos no sistema e na cultura da empresa. Recrutar e desenvolver talentos de alto potencial tornou-se um objetivo estratégico para aumentar a capacidade de liderança na Oak Street e expandir sua capacidade de gerenciar o crescimento rápido. Para uma empresa que está crescendo tão rápido, é crucial aprimorar essa capacidade. A Oak Street contratou dezenas de alunos de MBA de primeira linha para o seu programa de liderança.

Como CEO de alto potencial, Mike também se concentrou em seu desenvolvimento. Tivemos várias conversas sobre o que ele poderia fazer para acelerá-lo. Falamos sobre a perspectiva de longo prazo que ele precisava incluir em seu planejamento e gestão, como era importante inverter as perspectivas e não manter em mente onde a empresa estava naquele momento, além das etapas incrementais de que ele poderia precisar para atingir seus objetivos em um ano ou dois. Isso exigia monitoramento regular e cuidado para garantir que estivesse usando o tempo com sabedoria. O tempo de um CEO é o bem mais precioso, e ele precisa concentrar sua energia onde produzirá mais impacto. Mike também contratou um coach para ser o seu mentor. Ele está constantemente pensando no futuro da empresa e em como precisará evoluir para chegar lá.

Esse foco produziu resultados excepcionais. A Oak Street está bem à frente das expectativas da General Atlantic, e o aumento multiplicado em valor a tornou um dos melhores investimentos que a empresa já fez. Nossa paciência e nosso apoio constantes também foram compensados de outra forma, pois os fundadores, apesar da relativa inexperiência no início do investimento, tornaram-se grandes líderes empresariais e devem ser vistos como referência a qual todos os fundadores devem aspirar.

O próximo passo da Oak Street foi se preparar para a vida como empresa pública. Ao pensar na transição de empresa privada para pública, três áreas relacionadas a talentos devem ser consideradas: a equipe de gestão, o conselho administrativo e a remuneração. Como CEO de uma empresa pública, Mike precisaria dedicar boa parte de seu tempo a assuntos à empresa pública. Isso mostrou como era importante para ele ter uma equipe de liderança sólida, que pudesse preencher esse vácuo. Ao fortalecer a equipe antecipadamente, Mike se preparou para fazer uma transição tranquila para essa função.

Mike, Robb e o restante da equipe também priorizaram a construção de um conselho administrativo de classe mundial para apoiar o crescimento da Oak Street. Essa formação focou diversidade, independência e a criação de comitês do conselho antes de a empresa abrir o capital. Era fundamental pensar adiante, em onde a empresa estaria no futuro, e atrair diretores que se encaixassem nessa visão. Anos antes do IPO (*Initial Public Offering*), a Oak Street designou o dr. Mohit Kaushal, ex-membro da força-tarefa de TI de saúde da Casa Branca do presidente Obama, e Carl Daley, vice-presidente sênior de estratégia e operações de varejo da Humana. Antes e durante o IPO, eles continuaram fortalecendo o conselho, acrescentando a dra. Regina Benjamin, ex-chefe-geral do U.S. Surgeon General; Kim A. Keck, CEO da Blue Cross Blue Shield Association; Cheryl Dorsey, presidente da Echoing Green; e Julie Klapstein, CEO fundadora da Availity, uma rede de informações sobre saúde. A maioria dos diretores não executivos do conselho é diversificada.

Por fim, a empresa se concentrou em garantir a transição bem-sucedida de seu programa de remuneração para um que estivesse alinhado com as normas de uma empresa pública. Dessa forma, foi necessário fazer uma mudança nos prêmios anuais de ações, um afastamento significativo em relação à abordagem já discutida neste capítulo. Como o IPO estava projetado para gerar significativa criação de valor para a equipe executiva, tornou-se fundamental implementar um novo programa de incentivos com alto poder de retenção e garantir que houvesse a continuidade da equipe de gestão durante e depois do IPO. Não queríamos que a equipe visse o IPO como a linha de chegada. Alex e eu analisamos o patrimônio líquido pendente de cada executivo e desenvolvemos uma estrutura baseada em referências, patrimônio não investido e criticidade/desempenho na função para determinar novos e apropriados incentivos.

Em agosto de 2020, a empresa concluiu com sucesso seu IPO e continua fornecendo excelentes retornos para seus acionistas. Nossa tese de que Mike tinha potencial para crescer com o negócio se comprovou. Ele não só levou a Oak Street a faturar US$ 100 milhões e, depois, US$ 500 milhões em receitas, como a Oak Street agora tem mais de US$ 1 bilhão em receitas anuais e mais de oitenta clínicas. Nos últimos cinco anos, a empresa gerou mais de US$ 13 bilhões e, ainda mais importante, mudou o panorama do atendimento médico a idosos nos Estados Unidos. Ela contribuiu para uma redução de 51% nas admissões hospitalares e uma redução de 42% na taxa de nova internação em trinta dias. Também houve uma redução de 51% nas dispendiosas visitas aos serviços de emergência. Isso, temos certeza, é apenas o começo.

PRINCIPAIS APRENDIZADOS

OAK STREET HEALTH

RAM CHARAN

Tenho uma conexão pessoal com essa história, pois trabalhei como coach de Mike e da equipe. A Oak Street Health é uma empresa inovadora voltada para o futuro, uma ótima oportunidade de investimento e abrange inúmeras práticas recomendadas que devem ser consideradas ao expandir um negócio.

→ Os fundadores da empresa desenvolveram um excelente modelo de negócios para fornecer atendimento superior para o crescente número de pacientes do Medicare no país. Mas uma questão central permanecia: os fundadores conseguiriam cumprir a agenda de crescimento? Robb pediu que Anish o ajudasse a avaliar a equipe de liderança. Anish descobriu que, embora não tivessem grande experiência operacional, Mike e Geoff eram atletas de alto potencial. Com o investimento certo em seu desenvolvimento, ambos passaram a gerar retornos extraordinários. À medida que a guerra por talentos se intensifica, conselhos, CEOS e CHROS precisam aperfeiçoar a identificação de talentos de alto potencial e apostar em seu sucesso.

→ Os fundadores dobraram seu potencial ao implementar o próprio programa para atrair talentos de alto calibre de escolas de negócios e empresas de consultoria de primeira linha. Eles tiveram a visão de entender que, se precisavam de determinado número de líderes consistentes em funções críticas em uma empresa de US$ 100 milhões, precisariam de um múltiplo disso se fossem uma empresa de US$ 500 milhões ou US$ 1 bilhão. Embora tenha custado caro no início, o programa valeu a pena. Ao oferecer oportunidades de crescimento a essas pessoas, a Oak Street conseguiu prepararar seus futuros líderes de negócios internamente. Em um ambiente de recrutamento cada vez mais competitivo, ter um banco de talentos ao qual se pode recorrer pode ser um grande diferencial em relação à concorrência.

→ Um elemento particularmente importante do trabalho de Anish foi projetar os programas de incentivo certos para a equipe de liderança para impulsioná-los na próxima onda de criação de valor. Esse programa era incomum, uma vez que os executivos trocavam remuneração em dinheiro por ações. Isso não apenas alinhou estreitamente os interesses dos executivos com os dos acionistas, dando-lhes a oportunidade de aumentar seus ganhos totais se o negócio superasse as metas, mas também teve um grande impacto na retenção de talentos.

→ Igualmente exclusiva do programa foi a abordagem voltada para o futuro que Anish e sua equipe usaram como referência para a remuneração. Em vez de comparar a Oak Street com outras empresas de tamanho semelhante, eles a compararam a empresas de maior escala, onde a Oak Street planejava estar em quatro ou cinco anos. Isso permitiu que a empresa atraísse talentos de organizações maiores para as funções mais críticas. Essa pode ser uma lição para todas as organizações que desejam desenvolver suas estratégias de talentos. Os líderes devem avaliar o talento que já têm e o talento de que precisam tendo em vista onde a empresa estará no futuro, não onde está hoje. Embora seja mais cara, essa abordagem deve ser vista pelos CEOS como um investimento para aumentar a prontidão para expandir. Os CEOS também precisam investir no próprio desenvolvimento para melhorar sua capacidade de liderar profissionais de alto calibre.

CAPÍTULO 3

A PREPARAÇÃO DE UM CEO DINÂMICO PARA O PRÓXIMO NÍVEL DE HIPERCRESCIMENTO

DEPOP

Certo dia, Melis Kahya Akar, uma das minhas sócias na General Atlantic, enfiou a cabeça pela porta do meu escritório. Ela tinha acabado de chegar de uma reunião do comitê de investimentos, onde havia apresentado a oportunidade de investir em um marketplace de revenda de moda focado na geração Z chamado Depop, e sua empolgação era palpável. O Depop, com sede em Londres, crescia em ritmo vertiginoso e tinha um potencial fantástico de expansão global. Era um excelente negócio na sua categoria. Melis perguntou se eu poderia passar um tempo com a CEO e apoiá-la no desenvolvimento de uma liderança eficaz e com uma estratégia de desenvolvimento organizacional para um processo de expansão agressivo.

Melis compreendia bem a empresa, como ela havia revolucionado de forma inteligente os setores de *fast fashion* e de comércio eletrônico *peer-to-peer*, apoiando os lados do comprador e do vendedor de seu marketplace. Ela estava acompanhando a empresa havia mais de um ano. O potencial excepcional do Depop era óbvio para ela.

O Depop foi lançado em 2011 e conquistou uma popularidade explosiva com um dos grupos de consumidores mais esquivos e procurados, a geração Z. Os clientes estavam adotando o site não apenas para comprar e vender roupas "pré-amadas", mas como uma comunidade, na qual podiam expressar suas percepções sobre moda, aprender sobre estilos emergentes em tempo real e se tornarem criadores de tendências. Com ênfase na reciclagem da moda, o Depop apela para o espírito de sustentabilidade e cultura verde, um grande atrativo para a geração Z. Qual o tamanho dessa atratividade? Um terço de todos os jovens de 16 a 24 anos no Reino Unido baixou o aplicativo, e essa retenção de usuários é a melhor da categoria.

Em 2019, em entrevista a um jornal, Maria Raga, CEO do Depop, descreveu os usuários do aplicativo da seguinte maneira: "Eles estão em um período da vida em que estão descobrindo por si mesmos o que querem fazer no futuro, e nós queremos dar a eles uma oportunidade. Queremos apoiá-los nessa jornada".

Precisamente as mesmas palavras se aplicam ao próprio Depop e sua jornada de hipercrescimento. A questão central que vi diante de mim foi se a equipe de gestão tinha capacidade para cumprir as metas estratégicas nos quatro anos seguintes. Não apenas esperávamos que o negócio fosse muitas vezes maior que sua escala da época, mas também que crescesse em complexidade, à medida que expandisse suas operações nos Estados Unidos e abrisse novos mercados em todo o mundo.

Logo depois do fechamento do acordo, minha colega Lindsay Bedard e eu passamos três dias em Londres com a equipe administrativa do Depop. Nossa abordagem costuma começar com reuniões individuais com o CEO e cada membro da equipe de liderança. Essas reuniões geralmente duram de três a quatro dias, proporcionando uma oportunidade de imersão no negócio. Normalmente, saímos dessas conversas com cerca de duzentas páginas de anotações. Depois, levamos de dez a catorze dias para sintetizar nossas descobertas e desenvolver um plano de ação que será compartilhado com a equipe de negócios, o CEO e o conselho de administração da General Atlantic, como deve ser. O objetivo geral é ajudar a construir uma equipe de liderança com capacidade para multiplicar o aumento no valor total da empresa, por exemplo, torná-la 2,5 vezes maior em quatro anos.

Antes da viagem, trabalhamos em estreita colaboração com Melis para elaborar uma tabela de pontuação para a empresa medir e comparar as características principais, aproveitando uma estrutura desenvolvida pela ghSmart, especialista nesse processo. A tabela de pontuação serviu de âncora para nossas conversas com a equipe.

Em nossa primeira visita ao escritório do Depop, fomos recebidos em um espaço aberto cheio de energia e levados a uma sala de reuniões com paredes de vidro. Enquanto esperávamos para começar nossas reuniões, observamos silenciosamente o ambiente do escritório e imediatamente vimos Maria andando pelo escritório, conversando e discutindo com membros da equipe em todos os níveis. Muitos funcionários optavam por não usar suas mesas, preenchendo outros cantos do escritório para se reunir com os colegas. Havia eletricidade no ar, burburinho e entusiasmo por toda a parte.

Durante o tempo que passamos no local, tivemos várias conversas com Maria, nas quais descobrimos seu histórico profissional e sua experiência como CEO do Depop, além das principais prioridades estratégicas para o negócio, os possíveis desafios e as expectativas para cada integrante de sua equipe de gestão. Também passamos um tempo com dez membros da equipe para entender suas experiências e realizações, além de obter feedback confidencial sobre outros membros da equipe de liderança. Depois desses encontros, Lindsay e eu íamos direto para um restaurante e imediatamente começávamos a trabalhar em nossas descobertas, rotina que se prolongou até o voo de volta para Nova York. Ao longo dos dez dias seguintes, conversamos com outros líderes de marketplaces e, com a equipe, elaboramos um relatório de trinta páginas com uma apresentação estratégica para compartilhar e discutir com Maria e Melis.

Quando nos reunimos novamente com Maria, ficou claro que ela estava ansiosa para retomar o contato e ouvir nossas conclusões. Durante a reunião de duas horas, nós a conduzimos por nossas observações e dados de apoio muito detalhadamente. Embora nosso trabalho pretenda ser construtivo, era importante primeiro reconhecer que Maria e toda a equipe do Depop haviam criado um produto e um modelo inovadores, e que o negócio tinha muitos pontos fortes que precisavam ser preservados.

Desde o momento em que colocamos os pés no escritório, a cultura se mostrou empreendedora, inovadora e jovem. Ao longo de nossas conversas, ficou evidente que os funcionários eram apaixonados pela marca e tinham muito orgulho do trabalho que realizavam. As pesquisas com funcionários sugeriram um alto envolvimento em toda a empresa, com taxas médias de participação acima de 80%. Além disso, o Depop dominava o engajamento da base de clientes da geração Z por meio de eventos e parcerias criativas. Estava indo tão bem que a empresa investia quantias limitadas em marketing pago. Entre os eventos estavam uma pop--up *store* de grande sucesso na loja de departamentos Selfridges, no Reino Unido, e um evento ao vivo nos Estados Unidos. Esse crescimento rápido e orgânico é raro em empresas de tecnologia de consumo e, muitas vezes, difícil de replicar.

1. ATINGIR OS PRINCIPAIS OBJETIVOS FINANCEIROS

→ Fornecer [XX%+] de crescimento de receita por ano com margens de alta lucratividade até 2025.
→ Receita: de [$XXmm] no ano de 2020 para [$XXXmm] até 2025.
→ Margem bruta: de [$XXmm] no ano de 2020 para [$XXXmm] até 2025.
→ Margem de EBITDA ajustada: de [$XXmm] no ano de 2020 para [$XXmm] até 2025.

2. DESENVOLVER E EXECUTAR ESTRATÉGIA PARA OPORTUNIDADES DE EXPANSÃO (GEOGRÁFICA E ESCOPO DE SERVIÇOS)

→ Expandir a presença nos Estados Unidos. Esse mercado contribuirá com [XX%] da receita total até 2025.

3. CRIAR E GERENCIAR UMA EQUIPE DE ALTO DESEMPENHO; CONSTRUIR UMA CULTURA DE ALTO DESEMPENHO

→ Criar uma equipe de alto desempenho composta por < 90% de jogadores classe A.
→ Promover uma cultura de alto desempenho de propriedade e *accountability*.

Além de criar essa forte conexão com os consumidores, a empresa desenvolveu uma boa abordagem para gerenciar a comunidade de vendedores, oferecendo serviços auxiliares de suporte relacionados a remessa, pagamentos e autenticação, que são pontos críticos em qualquer mercado bilateral. O Depop havia desenvolvido um negócio sustentável que efetivamente equilibrava oferta e demanda e uma comunidade de usuários entusiasmados que crescia rapidamente.

Entre as equipes de liderança, houve apoio unânime para Maria como CEO. Ela era apaixonada, acessível, calorosa e encorajadora. Muitos da equipe de gestão nos disseram que ela era a principal razão pela qual eles tinham ingressado na empresa. Como costuma acontecer, concentramos a primeira parte de nossas conversas (cerca de 30% das reuniões, em que inquirimos as partes interessadas relevantes) nos pontos fortes da CEO e nas possíveis áreas de desenvolvimento. Mesmo os CEOS mais experientes e sólidos têm áreas para crescimento e melhoria, e nós incentivamos nossos CEOS a serem incansáveis em sua busca pelo desenvolvimento constante e contínuo.

Maria é espanhola e viveu e trabalhou em muitos países, o que deu a ela uma orientação global consistente e a expôs tanto a ambientes já definidos quanto empreendedores. Ela passou cinco anos na Bain & Company antes de obter um MBA no Insead e, mais tarde, ingressou na Groupon, onde ajudou a expandir os negócios no Japão e na Coreia do Sul. Ingressou no Depop em 2014 como vice-presidente de operações. Foi nomeada CEO em 2016, durante um período de turbulência, e foi creditada por sua equipe por restaurar a ordem e melhorar a motivação, que estava prejudicada.

De fato, Maria agiu rapidamente. Poucos dias depois de ser nomeada CEO, ela chamou de volta o fundador do Depop, Simon Beckerman. Simon foi o arquiteto da marca Depop, responsável por moldar a experiência social voltada para a comunidade. Maria acreditava que renovar aqueles recursos era fundamental para o futuro do Depop. O movimento foi controverso, mas Maria estava convencida de que a presença de Simon revigoraria a equipe com uma mensagem de retorno aos tempos da fundação. Ela acreditava que a liderança do Depop vinha operando isoladamente, em silos, sem um senso unificador de propósito comum, e que Simon poderia ajudar a recriar a cola para mantê-la unida, assim como focar e evidenciar o senso de identidade da empresa. Ela foi decisiva e colocou a Depop de volta à trilha de hipercrescimento, energizou as equipes de liderança e aumentou o entusiasmo da comunidade de usuários, principalmente no Reino Unido.

Era um histórico favorável, mas nosso contrato tinha como base uma rápida expansão que aumentaria os desafios de Maria e suas equipes, especialmente durante a busca de novos mercados. Nossa análise era um passo crítico para traçar esse caminho.

Identificamos três impedimentos principais para a expansão do negócio. Primeiro, embora a equipe de liderança fosse adequada para o tamanho da empresa na época, ela estava abaixo da expectativa em relação ao objetivo que a empresa precisava alcançar em um curto espaço de tempo. Vários cargos críticos tinham líderes com pouca experiência em gestão de equipes e experiência operacional. Era um momento oportuno para redefinir e elevar os padrões das principais posições executivas e o desempenho em toda a empresa. Em segundo lugar, uma reformulação organizacional implementada pouco tempo antes não havia atendido efetivamente a uma nova e significativa ambição: a expansão nos Estados Unidos. Em terceiro lugar, vários processos e sistemas importantes eram insuficientes, e as prioridades mudavam com frequência.

INSIGHTS SOBRE DESIGN ORGANIZACIONAL

→ Otimize para os pontos fortes do CEO/fundador. Certifique-se de que a estrutura permita que o CEO se concentre nas áreas mais críticas e de maior impacto.

→ À medida que uma empresa cresce, existe valor no aprofundamento dos pontos agregadores funcionais na organização. Para fazer isso, a empresa deve primeiro construir profundidade de liderança, excelência funcional e processos e sistemas consistentes. O Facebook e a Amazon são dois exemplos em que os pontos agregadores funcionais são encontrados dois ou mais níveis abaixo do ceo.

→ As estruturas de organização funcional são tipicamente eficientes e apoiam o desenvolvimento da excelência funcional; no entanto, elas podem criar barreiras para a colaboração além dos limites.

→ A estrutura por si só não cria sucesso. Governança e elementos culturais devem ser considerados e reforçados pela equipe de gestão. Mesmo o melhor "hardware" exige o "software" certo.

Orientamos Maria sobre os pontos fortes e sugerimos agendas de desenvolvimento para cada membro de sua equipe. A seu favor, precisamos dizer que ela conseguiu atrair um grupo de líderes de alto potencial, muitos dos quais, como Maria, cresceram em consultorias e demonstraram perspicácia estratégica consistente e potência intelectual impressionante. Dito isso, poucos tinham experiência em administrar um negócio global da escala que o Depop já havia atingido, e sentimos que a situação ficaria mais complicada à medida que ele se tornasse maior e mais complexo. Além disso, algumas funções importantes na equipe de Maria estavam vagas. Mais trabalho precisava ser feito.

A essa altura, Maria também estava procurando ativamente por um diretor de tecnologia e um diretor de produto. Ela estava prestes a fechar com um finalista para o cargo de cto, mas a lista de candidatos a diretor de produto não era promissora, apesar de meses de trabalho. Além disso, era preciso contratar um cfo de alto calibre que tivesse passado por um processo de expansão e que pudesse servir como parceiro estratégico para Maria. Naquele momento, a área de finanças era liderada por uma líder de alto potencial, mas ela também se desdobrava em operações. Não era um ajuste perfeito. Embora excepcionalmente brilhante, essa pessoa estava sobrecarregada, e consideramos que ela se beneficiaria em trabalhar com um líder financeiro de alta qualidade, com mais experiência e uma descrição de cargo mais focada.

Durante nossas reuniões com Maria, debatemos o cronograma apropriado para a contratação de um novo CFO e, por fim, concordamos em iniciar uma busca imediatamente. Em nossa experiência com empresas em crescimento, descobrimos que os benefícios de se mover com rapidez e convicção para preencher posições-chave superam em muito a potencial interrupção do que era essencialmente uma atualização do cargo. Quando examinamos o estado da função financeira, ficou claro que o setor financeiro não estava servindo adequadamente à organização e que Maria se beneficiaria ao contratar prontamente um CFO com visão estratégica.

Entre as outras necessidades críticas estava um novo especialista em marketing de desempenho. O boca a boca havia funcionado bem para o Depop expandir sua base de clientes, mas a empresa precisava construir uma força de marketing de desempenho mais robusta para apoiar a marca e a expansão geográfica. O Depop precisava de um líder de marketing de desempenho sólido para fazer parceria com o atual CMO (*Chief Marketing Officer*), que era excepcionalmente forte nas áreas de marca e criatividade. Por último, o gerente-geral dos Estados Unidos havia retornado ao Reino Unido por motivos pessoais, o que significava que não havia nenhum líder dedicado no mercado mais importante do negócio.

Para nos prepararmos para o uso mais produtivo dessa nova injeção de talentos, trabalhamos em estreita colaboração com Maria na avaliação de seu design organizacional e na tentativa de criar uma estrutura de longo alcance, baseada em uma plataforma funcional e geográfica, que ajudaria a promover a *accountability* e permitiria mais ênfase no mercado americano. Pesquisamos várias estruturas organizacionais e conversamos com líderes de outras empresas para aprimorar nossas ideias e recomendações.

Nossa colaboração e análise, por fim, forneceram o que acreditávamos ser o projeto organizacional certo, e começamos a trabalhar no plano de implementação. Decidimos que a comunicação precisa e bem planejada de Maria para a equipe era essencial para uma implementação tranquila, em parte por conta dos desafios que ela havia enfrentado ao tentar estabelecer uma reorganização anterior pouco antes do investimento da General Atlantic. Com nosso apoio, Maria comunicou as mudanças propostas aos líderes individualmente e, em seguida, reuniu a equipe de liderança em uma discussão colaborativa para criar uma oportunidade para cada líder avaliar, fornecer feedback e entender melhor as novas funções e como a *accountability* seria tratada. A precisão foi importante para que todos compreendessem as expectativas e as métricas que seriam aplicadas a seus cargos para medir o desempenho.

Depois que a nova estrutura da organização foi comunicada nesse processo passo a passo, voltamos à busca pelos cargos de CFO e diretor de produto. Felizmente, o finalista do CTO que já vínhamos avaliando deu certo, e Maria fez uma oferta poucas semanas depois. Para o marketing de desempenho, decidimos com Maria primeiro procurar por candidatos dentro do banco de talentos da GA, nosso repositório de executivos qualificados. Tínhamos uma rede sólida de executivos de marketing digital promissores para escolher.

Para a difícil tarefa de recrutar o novo CFO e o CPO (*Chief Product Officer*), recorremos a empresas de recrutamento experientes. Sabíamos quanto trabalho era necessário para fazer essas novas contratações em pouco tempo e que seria fundamental que fossem escolhas acertadas. Trabalhamos de perto com Maria para desenvolver tabelas de pontuação para os dois cargos para termos

IMPLEMENTAÇÃO

	FASE 1 PLANEJAMENTO	FASE 2 WORKSHOP	FASE 3 ADOÇÃO
RESULTADO	Alinhamento sobre a estrutura ideal da organização e principais decisões sobre equipe	Funções, *accountability* e medidas são claramente definidas por toda a empresa: os líderes têm clareza sobre suas responsabilidades individuais e compartilhadas	Adoção, envolvimento e desempenho bem-sucedidos
ETAPAS CRÍTICAS	**1. Finalizar o design da organizacional** **2. Elaborar funções, responsabilidades e medidas para as principais posições** **3. Aproveitar talentos para preencher novos cargos e identificar funções críticas onde as competências necessárias não existirem** **4. Notificar líderes individualmente sobre as mudanças nas funções:** i. Comunicar os encargos e a nova função. ii. Fornecer aos líderes o formato de apresentação a seus colegas durante o workshop.	**Reunir a equipe de liderança para um diálogo colaborativo** A agenda deve incluir: i. Apresentações individuais sobre encargos, função, *accountability*, necessidades de recursos/competências e áreas de suporte multifuncional (ampliadas e esperadas). ii. Discussão em grupo sobre os seguintes tópicos: - Responsabilidades individuais e compartilhadas. - Nós. - Governança. - Ritmo operacional. - Direitos de decisão e programação de autorização. - Marcadores de liderança desejados.	**1. Transmitir as mudanças organizacionais mais profundamente na organização:** i. Líderes devem redefinir o escopo das funções para suas respectivas organizações (funções, responsabilidades e medidas). ii. Líderes devem comunicar as mudanças aos indivíduos mais profundamente na organização. **2. Garantir que os facilitadores organizacionais estejam instalados e sejam mantidos:** - Ritmo e governança operacional. - Gestão de desempenho. - Gestão de talentos. - Incentivos. **3. Medir o sucesso e o engajamento:** Recomendar a condução de uma pesquisa de engajamento para avaliar o estado atual da organização e pulsar a organização anualmente.
PROPRIEDADE	- O CEO deve finalizar o planejamento e notificar os líderes. - A GA deve apoiar o CEO na finalização do design, determinando as principais funções e contratações (adaptação, planos de transição e comunicações). - O RH deve apoiar a elaboração das funções, *accountability* e medidas. - A equipe de liderança executiva deve preparar apresentações para o workshop.	- A GA deve apoiar o CEO na finalização da agenda do workshop. - O CEO preside e faz a facilitação do workshop. - O RH ajuda a gerenciar o projeto. - Membros da equipe de liderança executiva fazem apresentações.	- A equipe de liderança executiva é responsável por elaborar funções, *accountability* e medidas, e comunicar as mudanças (com apoio do RH e do CEO). - O RH lidera o alinhamento quanto a gestão de desempenho, tabela de pontuação e incentivos.

um processo de dados sólido para comparar os candidatos. Também fizemos parceria com a Russell Reynolds Associates para procurar o CFO e contratamos a True Search para encontrar um CPO.

Em nossas conversas iniciais com a Russell Reynolds, enfatizamos a importância de atrair um CFO estratégico de alto calibre para assumir o papel crítico de ser um parceiro financeiro forte para Maria enquanto o Depop passava pelo estresse da expansão. A primeira lista de candidatos não atendeu aos nossos padrões. Ficou claro que a empresa estava avaliando o tipo de candidato pelo tamanho atual do Depop, em vez de considerar a escala significativamente maior esperada para os próximos anos. Trabalhamos rapidamente para redirecionar melhor a busca, discutindo nossas preocupações e necessidades com a empresa de pesquisa. Em poucos dias, um consultor sênior da Russell Reynolds chegou para supervisionar o processo.

Nos meses seguintes, ajudamos Maria nas chamadas de status de pesquisa e fazendo avaliações profundas de duas horas com todos os candidatos para os dois cargos. Isso permitiu que ela dedicasse seu tempo não apenas a entrevistar os principais candidatos, mas também a criar um relacionamento com eles, deixando-os entusiasmados com o Depop e seus negócios. Depois de quatro meses, nos sentimos confiantes de que havíamos identificado o finalista e agimos rapidamente para conduzir extensas referências, preparar uma oferta atraente e, por fim, fechar a proposta com nosso principal candidato.

Para o cargo de CPO, que seria no nível de vice-presidente sênior, relançamos a busca com a True, que tinha relacionamentos profundos tanto nos Estados Unidos, um importante foco de negócios, quanto no Reino Unido. Em quatro meses, conseguimos recrutar um líder de produto do TripAdvisor que, embora morasse nos Estados Unidos, estava disposto a se mudar para a sede do Depop, em Londres. Para adicionar força extra ao desenvolvimento de produtos, também ajudamos Maria a identificar um executivo de produto experiente no banco de talentos da GA e nomeá-lo ao conselho administrativo. Essa nomeação foi seguida, no início de 2021, por uma diretora independente adicional, elevando a composição do conselho para 50% de mulheres.

O marketing digital era outra área crítica que exigia um novo pensamento para apoiar o crescimento do Depop. Uma das características mais positivas da popularidade inicial do Depop foi como a palavra se espalhou organicamente, principalmente no boca a boca. Seus gastos com marketing, que eram modestos, concentravam-se no reconhecimento da marca, e não na aquisição de clientes. Agora que o Depop buscava uma grande expansão nos Estados Unidos, havia uma necessidade maior de desenvolver habilidades de marketing de crescimento. Ao avaliar os líderes de marketing, descobrimos que eles costumam ser orientados para o marketing de marca/criatividade ou para o marketing de desempenho/crescimento. Embora os dois se caracterizem como áreas do marketing, são atividades que exigem conjuntos de habilidades bastante diferentes, e muitas vezes é difícil encontrar um líder adepto de ambos. Às vezes, você encontrará um líder de marketing mais voltado para marketing de marca e menos para marketing de desempenho, ou vice-versa. No caso do Depop, Maria tinha recrutado recentemente um profissional de marketing especializado em marca/criatividade do Google. Ele foi o primeiro a admitir que o marketing de crescimento não fazia parte de suas especialidades e que precisaria de apoio na área.

Estruturalmente, sugerimos que Maria considerasse separar marketing de marca e marketing de desempenho e que contratasse um líder de marketing de desempenho como par do CMO. Temíamos que, se essa pessoa fosse mais júnior e não ocupasse um lugar na mesa de liderança, não conseguiríamos atrair o mesmo calibre de talento. Também decidimos mirar em um "nativo digital" em vez de um "imigrante digital", o que significa que procuraríamos candidatos mais jovens com profunda perspicácia analítica e experiência em uma variedade de canais digitais, mesmo que isso significasse encontrar alguém com menos anos de experiência profissional. Discutimos essa abordagem com Maria e começamos a identificar e a apresentar Maria aos candidatos da nossa rede. Felizmente, conseguimos contratar um líder de marketing altamente capacitado e orientado a dados.

Esse processo de busca de talentos foi demorado, mas recompensador. Em oito meses, o Depop fortaleceu significativamente a equipe de liderança e alinhou a estrutura da organização à estratégia de negócios, deixando-a bem equipada para florescer durante a pandemia de 2020. A pandemia causou danos a muitos setores, como hotelaria, companhias aéreas, varejo e entretenimento. Mas, com as pessoas praticamente confinadas em suas casas, algumas empresas de comércio eletrônico prosperaram. O Depop está entre elas.

As métricas principais e subjacentes do Depop aceleraram significativamente em 2020, e o crescimento foi sustentado nos principais mercados durante os lockdowns, mesmo depois que os incentivos governamentais cessaram. Em 2020, as vendas de mercadorias em crescimento atingiram US$ 650 milhões, e a receita atingiu US$ 70 milhões, aumentando mais de 100% ano após ano. Os Estados Unidos cresceram de 15% para 40% do GMV (*Gross Merchandise Volume*) total desde que Maria começou no Depop e 30% quando a GA fez seu investimento. Estão a caminho de ultrapassar o Reino Unido em 2021. Em 2 de junho de 2021, apenas dois anos depois de nosso investimento inicial, o Depop foi comprado pela Etsy por US$ 1,6 bilhão, gerando um múltiplo superior a cinco vezes em valor para a General Atlantic e nossos investidores.

PRINCIPAIS APRENDIZADOS

DEPOP

RAM CHARAN

O caso do Depop nos conduz por uma jornada de insights sobre o processo que Anish e a equipe seguem quando desenvolvem uma estratégia de talentos, bem como a abordagem que usam para contratar talentos com mais de 90% de precisão. A capacidade de contratar talentos que podem fazer um negócio crescer exponencialmente é uma habilidade rara que cria um valor enorme.

→ Anish e Lindsay mergulharam na equipe de gestão e lideraram um processo intensivo para avaliar a prontidão da empresa para cumprir a agenda de crescimento. O processo deles segue o mesmo rigor que seus profissionais de investimento utilizam ao realizar diligências. Entender a capacidade de organização e liderança de uma empresa é o primeiro passo para montar um negócio de escala.

→ Esse caso aborda um desafio comum enfrentado pela maioria das empresas de alto crescimento: construir uma equipe de liderança e uma organização que esteja equipada para escalar enquanto você expande. Na abordagem de Anish, é fundamental contratar talentos fora da curva. Quando a GA investiu no Depop, a receita era de menos de US$ 20 milhões. Durante a fase inicial da busca pelo CFO, por exemplo, a consultoria contratada apresentou candidatos que estavam preparados para lidar apenas com essa escala da empresa. Anish ajudou a CEO a elevar seus padrões de liderança e, juntos, se concentraram em encontrar um CFO que estivesse preparado para lidar com a expansão que o negócio esperava alcançar nos quatro a cinco anos seguintes.

→ A história do Depop demonstra o benefício e o valor de agir rapidamente, e o impacto que uma liderança forte tem na criação de valor. Alinhados com os objetivos da GA para reunir a equipe certa nos primeiros seis meses depois do fechamento de um acordo, Anish e Lindsay apoiaram o Depop no desenvolvimento de uma equipe de liderança adequada para que a empresa se expandisse para além dos portões. Para isso, eles se conectaram imediatamente à empresa, em um processo que começou antes mesmo de o negócio estar fechado. Assim que a General Atlantic fez o investimento, Anish e Lindsay viajaram para Londres e passaram uma semana no escritório do Depop com a equipe. Nas duas semanas seguintes, trabalharam com Maria para desenvolver uma estratégia de talentos. As buscas começaram imediatamente depois da análise da estratégia de talentos, e foram gerenciadas com rigor para garantir que os candidatos ideais fossem identificados com rapidez.

CAPÍTULO 4

UM LÍDER ASSUME RISCOS E FAZ UMA FÊNIX CORPORATIVA RESSURGIR DAS CINZAS

VISHAL RETAIL

Talvez não tenha sido o melhor sinal o fato de que ficamos sabendo da oportunidade de investir na Vishal Retail, uma rede de megalojas indianas, por meio de um de seus bancos. A cadeia de cerca de 150 lojas estava uma bagunça: sobrecarregada de dívidas, fornecedores revoltados sem receber e as vendas em colapso. Era 2009, e a empresa enfrentava a perspectiva de ser liquidada se não houvesse a intervenção de um novo investidor. Os credores procuravam desesperadamente por um resgate.

Eu estava começando na TPG, uma empresa de *private equity* com sede em Hong Kong, e nossos parceiros de negócios asiáticos decidiram dar uma olhada na Vishal. A análise revelou uma empresa quebrada em praticamente todos os níveis. Além da perda de caixa, a equipe de gestão, formada por Ram Chandra Agarwal, o fundador, e alguns familiares, não conseguia administrar uma empresa daquele porte e complexidade. Os proprietários dos imóveis alugados estavam sem receber e ameaçavam despejá-los. As próprias lojas, muitas delas em cidades pequenas, estavam desgastadas, com produtos antiquados, equipamentos quebrados e sujos, e funcionários mal treinados e mal pagos. A característica mais marcante da minha primeira visita à sede em Nova Delhi, quando fui convidado para fazer uma avaliação, foram os ratos correndo pelo chão.

Roedores à parte, os elementos da bagunça eram interessantes, possivelmente promissores. Embora a empresa estivesse à beira de um precipício, ela tinha, ao que parecia, potencial de ser um grande e bem-sucedido investimento se algumas questões urgentes pudessem ser resolvidas. Talvez o mais importante fosse a liderança. O desafio começava em encontrar um novo CEO, mas, se quiséssemos ter alguma chance de recuperação e multiplicar o valor do investimento, também exigia a formação de uma equipe de liderança completa — dezenas de executivos seniores — em circunstâncias excepcionalmente difíceis. Mas que executivo talentoso gostaria de ingressar em uma empresa enfrentando tantos problemas? Mesmo montar uma equipe notável não era garantia de sucesso. Isso exigiria suporte, treinamento e desenvolvimento constantes desse capital humano essencial, exigindo o máximo de todas as capacidades de um CHRO.

Os parceiros do negócio, liderados por Puneet Bhatia, o diretor da TPG na Índia, já vinham observando o relativamente mal explorado setor de varejo indiano antes de saber das dificuldades da Vishal. Eles acreditavam que os fatores macrossubjacentes guardavam uma boa oportunidade. A estratégia básica, simplificada, era obter o controle de uma cadeia viável, aplicar experiência em gerenciamento e varejo de classe mundial e, assim, implementar um processo de expansão e valorização. Era uma visão ousada baseada em uma avaliação atraente da crescente economia da Índia.

Tudo começou com o fato de que, naquela época, na Índia, quase todo o negócio de varejo era local, composto de milhares de lojas familiares. Apesar de todas as facilidades que acompanham a expansão e o rápido crescimento, as redes detinham uma pequena fatia do mercado varejista nacional. Na verdade, na época, não havia cadeias nacionais de megalojas lucrativas na Índia. O setor era tão jovem e rudimentar que as cadeias existentes não costumavam ser lucrativas e careciam da sofisticação encontrada nos varejistas de economias mais proeminentes. Os sócios acreditavam que, contratando talentos de calibre internacional, seria possível começar a mudar isso.

E a Índia estava mudando rapidamente. A economia estava se modernizando e, como resultado, as classes baixa e média estavam com poder aquisitivo maior. Estávamos convencidos de que era o momento certo para instaurar uma cadeia de megalojas semelhante aos modelos Walmart ou Target. A Vishal, com cerca de 150 lojas, parecia ser uma base atraente para iniciar esse esforço e ampliá-lo. Apesar dos muitos problemas, a empresa tinha algumas características positivas. Ela havia criado um reconhecimento de marca consistente entre a clientela de baixa e média renda, e isso poderia ser aproveitado. A estrutura de custos era relativamente baixa e a variedade de produtos possibilitava margens mais altas do que muitas outras megalojas. O momento parecia auspicioso — desde que conseguíssemos estabilizar as finanças continuamente em declínio, afastar as dívidas e injetar a liderança certa.

Os investimentos em *private equity* sempre dependem imensamente de encontrar talentos inovadores e disciplinados, mas essa oportunidade precisava de uma liderança criativa e forte, bem versada em varejo e marketing modernos, e que entendesse o consumidor e as regulamentações indianas. Também precisávamos de um líder que conquistasse tanto o comitê de investimentos da TPG como os bancos indianos que haviam concedido empréstimos à Vishal. Além disso, a pessoa precisava ser capaz de supervisionar uma grande reviravolta antes de expandir a cadeia, ou toda a operação seria um desastre financeiro, uma vergonha para Puneet e para mim e, acima de tudo, para a TPG.

Uma parte essencial para o investimento foi o modelo de negócios da Vishal, totalmente focado em consumidores de baixa e média renda, que constituem uma maioria significativa da imensa população de 1,35 bilhão de habitantes da Índia. Algumas cadeias de varejo indianas mais novas estavam adotando a estratégia de atrair clientes mais ricos, mas isso significava pagar aluguéis muito mais altos em bairros mais nobres e ter de manter um estoque mais caro para uma base de clientes muito menor. A Vishal se beneficiava de aluguéis mais baixos porque montou lojas onde seus clientes moravam. Era uma estratégia ousada e altamente arriscada. Puneet estava tentando pegar as cinzas de um esforço empresarial que estava em seu ponto mais baixo e transformá-lo em um tipo de cadeia de varejo que, na realidade, não existia na Índia.

Depois de uma avaliação cuidadosa, Puneet e os sócios estavam convictos da perspectiva de estabilizar a Vishal e injetar a liderança certa para arquitetar um renascimento. Eles esboçaram a tese do negócio e a análise de suporte, e apresentaram a ideia ao comitê de investimentos da TPG, compartilhando seu entusiasmo.

O comitê considerou a perspectiva por apenas dez minutos e a rejeitou prontamente, sem deixar espaço para reconsideração. Ficamos chocados, mas talvez não devêssemos.

A Vishal não apenas estava em queda livre e envolvida em litígios, não apenas era um player em um setor que ainda engatinhava na Índia, não apenas a transação seria mais complexa por causa dos rígidos regulamentos indianos relacionados à propriedade estrangeira de varejistas, mas também não havia perspectivas, dentro do país, de encontrar líderes experientes para administrar a empresa.

Inabaláveis, Puneet e outro sócio da TPG, Amol Jain, me procuraram para pedir que eu avaliasse a empresa e suas necessidades de liderança e verificasse se conseguiria construir a equipe de liderança robusta necessária para concretizar a ideia. Eu estava na TPG havia apenas alguns meses, mas Puneet acreditava profundamente no papel significativo que o talento desempenharia em qualquer reviravolta. Era uma oportunidade e um enorme desafio, talvez o mais arriscado da minha carreira até então, e se baseava, em parte, na força da parceria que eu desenvolveria com Puneet. Teríamos de escalar não uma, mas várias montanhas juntos, e aquele era um começo difícil.

Como eu trabalhava na TPG havia pouco tempo, não tive ainda muita chance de desenvolver um relacionamento com Puneet. Eu o procurei assim que comecei, para que pudéssemos começar a discutir maneiras de colaborar, mas sua agenda lotada dificultava o encontro. Quando, por fim, marcamos um almoço, ele chegou acompanhado de vários colegas e partiu rapidamente, deixando pouco tempo para que nos conhecêssemos. Mais para a frente, quando começamos a discutir como eu poderia ajudar no acordo da Vishal, ficou claro que se tratava de um esforço de alto risco e que a minha responsabilidade, além de avaliar, identificar e recrutar talentos de alta qualidade, também seria conquistar a confiança de Puneet em minha competência. Ambos compartilhávamos uma visão comum de que, em grande medida, aquele negócio seria impulsionado por talentos.

Eu estava pronto e ansioso para começar — só que não havia orçamento para buscar a liderança excepcionalmente capaz de que precisávamos. Para piorar, não éramos de fato donos da empresa e não havia garantia de que algum dia seríamos.

Eu me dei conta da grande oportunidade que a Vishal representava, mas era realista na avaliação de como poderia encontrar o talento de que precisávamos desesperadamente. Um dos maiores obstáculos era que, como a Índia tinha um setor de varejo rudimentar e poucas redes nacionais bem-sucedidas, não havia um banco de talentos óbvio a explorar para encontrar candidatos a CEO ou para compor o restante da equipe de liderança. Precisávamos de executivos com a experiência necessária em merchandising orientados a dados, marketing, conformidade, recursos financeiros e operacionais. Além disso, precisávamos de alguém com nervos de aço e habilidade para produzir uma reviravolta. Em outras palavras, um verdadeiro atleta dos negócios.

Cresci na Índia e estudei negócios e recursos humanos lá. No começo, trabalhei para a PepsiCo, ajudando em seus ambiciosos esforços para expandir a empresa no país. Isso funcionou como um excelente treinamento. Desempenhei um papel importante, ajudando a expandir drasticamente sua participação de mercado de cerca de 10% para 40% em três anos. Mais importante: criei um programa de talentos e contratei executivos experientes de outros países, tanto para ajudar a administrar os negócios quanto para treinar funcionários indianos promissores, transformando gerentes competentes de classe mundial. Essa experiência na PepsiCo me deu uma compreensão mais profunda de como eu poderia identificar e desenvolver talentos para apoiar nosso potencial investimento na Vishal.

Em circunstâncias normais, eu enfrentaria essas questões meses depois de a empresa fazer um investimento em uma empresa de portfólio. Com a Vishal, precisei montar a equipe para apresentar ao comitê de investimentos da TPG antes de assumir o controle. Para termos alguma chance de obter sinal verde para adquirir a Vishal, tive de convencer Puneet, os outros membros da equipe de negociação e, depois, o comitê de investimentos de que tínhamos as pessoas certas disponíveis.

A minha primeira tentativa no processo foi persuadir uma empresa de recrutamento, a Heidrick & Struggles, a começar a procurar o CEO, sob circunstâncias especiais. Expliquei que não tínhamos dinheiro nem empresa — pelo menos não ainda. Claro, tínhamos um relacionamento de longa data, e eles sabiam que fazíamos uma quantidade substancial de busca de executivos, e expliquei por que acreditávamos que aquela era uma ideia promissora. Ao menos inicialmente, eles trabalhariam de graça, com a promessa de compensação se e quando o negócio fosse fechado. Era uma aposta, mas acabei conseguindo convencê-los a aceitar a tarefa incomum.

Em algumas semanas, eles nos indicaram candidatos locais e globais viáveis. Um deles era Gunender Kapur, conhecido como GK, um executivo extremamente talentoso com experiência no setor de consumo. Ele já havia trabalhado em cargos executivos na Hindustan Lever, a subsidiária indiana da gigante europeia de bens de consumo Unilever.

A empresa é muito respeitada na Índia por seu excelente programa de gestão e treinamento. Lá, GK cresceu passando por vários cargos e acabou chegando ao comitê executivo. Para mim, era particularmente importante o fato de que ele havia liderado a recuperação de uma divisão de alimentos na empresa, habilidade essencial para a posição da Vishal, e também estado à frente da expansão bem-sucedida dos negócios de produtos de higiene bucal. Ele tinha ainda uma ótima experiência na contratação e construção de uma equipe de liderança. Era o tipo de atleta empresarial de que precisávamos, com um amplo conjunto de habilidades e profundo conhecimento da economia indiana. GK era determinado e tinha fama de aplicar altos padrões a si mesmo e à sua equipe.

Depois que deixou a Lever, ele se tornou presidente e CEO de uma unidade da Reliance Retail, uma divisão do grande conglomerado indiano Reliance Industries Limited. Isso lhe deu uma experiência significativa em um negócio em crescimento, nesse caso, supermercados. A certa altura, ele estava no comando enquanto a empresa abria uma loja por dia na Índia. Isso também era essencial para o nosso plano para a Vishal. De modo geral, ele não tinha muita experiência em varejo direto, mas suas habilidades e experiência me impressionaram. Era um gerente disciplinado que havia recuperado empresas com problemas. Faríamos uma aposta em sua considerável experiência e em seu potencial, e não no currículo de varejista em série.

Além disso, ele tinha um forte caráter pessoal. Quando nos conhecemos (em uma conversa de uma hora e meia), fiquei particularmente impressionado em como ele parecia pé no chão e confiante. Ao contrário de outros candidatos que eu estava entrevistando, ele não se esforçou para parecer excessivamente refinado, tampouco se mostrou arrogante. Ele me pareceu confortável consigo mesmo e ambicioso, um líder natural. GK transmitia humildade, mas também era nitidamente um homem íntegro que exibia uma sólida bússola moral. Tive o cuidado de me encontrar com ele em ambientes diferentes para poder avaliar como ele reagia e se relaxava em lugares menos formais. Isso incluiu tudo, de sessões formais de entrevistas a encontros para o café da manhã, passando por reuniões em hotéis.

Muitas vezes, as empresas consideram a checagem de referências como rotina e dedicam a ela poucos minutos para perguntas básicas. Eu adoto uma abordagem diferente e geralmente dedico 45 minutos ou mais a cada ligação sondar e buscar informações sobre o comportamento dos executivos em situações difíceis e como construíram e lideraram suas equipes. E também para ter uma ideia do caráter. As referências de GK eram bastante consistentes e fortaleceram minha sensação de que ele era o líder de que precisávamos.

Apresentei notas detalhadas sobre todas as conversas para Puneet, o que exigiu sintetizar minhas cinquenta páginas de apontamentos em um resumo de duas. Eu queria ter certeza de que ele compreenderia a profundidade da minha análise e a forma como avaliei os fatores críticos, além de compreender as tabelas de pontuação que criei, mostrando como os candidatos se comparavam entre eles. Aproveitei a oportunidade para me certificar de que ele entendia meu método.

Dei sequência ao processo com mais de uma dúzia de candidatos, mas GK se destacava, mesmo com o nível de experiência no setor. Conversei com ele sobre a oportunidade da Vishal Retail e GK manifestou interesse. Deixei claro que o investimento era de grande risco para ele pessoalmente. De acordo com nossa estratégia, ele se tornaria um consultor sênior da TPG e analisaria a Vishal por conta própria, assim como montaria uma equipe de liderança para administrá-la e formularia um plano de negócios que, a menos que tudo desse certo, ele talvez nunca conseguisse implementar. O pagamento inicialmente seria uma fração do que ele ganhava na Reliance, embora houvesse a possibilidade de ganhar significativamente mais, muitos milhões de dólares a mais, se a TPG fechasse o negócio e GK entregasse os múltiplos em valor em que estávamos apostando.

GK tinha um importante desejo oculto. Ele me contou que tinha o sonho de construir e liderar uma grande corporação. Ele tinha um espírito empreendedor e queria ter a sensação de ser dono de um negócio. Sem acesso ao tipo de capital necessário para criar tal oportunidade do zero, o acordo com a Vishal seria, segundo ele, uma espécie de oportunidade única na vida para atingir essa aspiração em tal escala, já que grande parte de seu pagamento de incentivo incluiria uma participação acionária, junto da TPG.

Eu estava praticamente convencido de que ele era o nosso melhor candidato, mas, como era preciso satisfazer muitas pessoas, o processo era exigente. Nós o submetemos a mais de quinze entrevistas, inclusive com membros do comitê de investimentos da TPG. As reuniões com Puneet foram um teste particularmente difícil, tanto para GK quanto para nosso relacionamento. Mas eu estava convencido de que suas habilidades excepcionais, o estilo de liderança decisivo e os altos padrões eram o que a Vishal precisava.

77

Puneet reconheceu que GK tinha muitos pontos fortes, mas continuou se questionando se não precisávamos de alguém com experiência mais direta em varejo e megalojas. Para ele, em *private equity*, se erramos na liderança e no capital humano, resta pouco para se resgatar de um investimento. O talento pode ser a diferença entre multiplicar valor e levar um ovo na cara. Precisei defender minha análise reconhecendo que teríamos de trabalhar essas questões. Certifiquei-me de que havia fornecido a Puneet informações substanciais sobre GK, como ele se comparava aos outros candidatos importantes, como tinha se saído nas entrevistas, a relevância de sua experiência — particularmente com a recuperação de um negócio e a ampliação de outro — e a importância que seu caráter sólido teria para ajudar a empresa a lidar com a baixa motivação, a ira dos funcionários e os bancos ansiosos. Com o tempo, Puneet começou a confiar em mim e na profundidade do processo que eu havia implementado.

Ao mesmo tempo, GK estava procurando oportunidades com várias outras empresas de *private equity*. A interação com todos os colegas da TPG que fez parte do processo deu a ele a confiança de que a TPG seria a melhor parceria. Depois de dois meses, concordamos em contratar GK e começamos o trabalho ainda mais árduo de montar toda uma estrutura administrativa, o que exigiria a contratação de mais de trinta pessoas nos anos seguintes.

Depois de decidir que GK seria o contratado ideal para o desafio, precisávamos obter a aprovação do comitê de investimentos da TPG. Isso exigiu mais de vinte apresentações ao longo de um ano, algumas delas feitas por GK, que tentava persuadir o comitê de que tinha uma visão sólida e a capacidade de executá-la. A oportunidade certamente parecia cristalina — mas isso era no papel. No meu caso, precisei fornecer atualizações detalhadas de minhas várias dezenas de pesquisas e análises. Em diversas ocasiões, peguei o voo noturno de Hong Kong para Nova Delhi e precisei ir diretamente para as apresentações a fim de garantir que o comitê entendesse exatamente onde estávamos e a minha metodologia.

Ao nos aproximarmos do final de nosso primeiro ano examinando todos os aspectos da Vishal, discutindo possíveis acordos com os bancos e desenvolvendo o plano operacional, soubemos que o comitê de investimento da TPG, embora tão resistente no início, reconhecera nossas atualizações e nosso progresso.

Porém, com o passar dos meses, o maior problema começou a ser a queda rápida da Vishal. As receitas haviam caído pela metade nos dezesseis meses anteriores, para cerca de US$ 60 milhões. Os bancos, que tinham sido forçados a intervir e exercer controle no esforço de salvar seus empréstimos, discordavam veementemente sobre o tipo de plano de recuperação que aceitariam, aumentando a incerteza. O comitê de investimentos da TPG por fim declarou que temia que houvesse obstáculos demais. Eles expressaram gratidão pelo que descreveram como uma grande jornada, mas indicaram que talvez estivesse na hora de reduzir a perda e seguir em frente, sem investir mais tempo. Tentar fazer negócio com a Vishal era como pegar uma faca caindo: os riscos enormes obscureciam as recompensas potenciais. Puneet e o restante da equipe de negociação reconheciam os problemas, mas a convicção deles estava inabalável. Eles continuavam revendo os fatores macro extremamente fortes que ainda tornavam o investimento atraente.

A história da Vishal ainda mantinha os mesmos elementos poderosos: a rede focada em famílias de baixa renda; um imenso grupo de consumidores; lojas localizadas em cidades e bairros menos ricos, onde os aluguéis e outros custos eram significativamente mais baixos do que nas grandes cidades; a popularidade da marca, já que era a segunda maior rede de megalojas da Índia; e a variedade de produtos, voltado para mercadorias de margem mais alta, como vestuário, em vez de alimentos, mantinha a perspectiva de alto retorno e crescimento. O fato de estar enfrentando tantos problemas também significava que poderíamos adquiri-la com um grande desconto. Ter GK a bordo fortalecia nossos argumentos.

Puneet insistiu que o acordo pioneiro poderia fazer história na Índia. Outro sócio da TPG, Carlos Aquino, um conceituado especialista em operações, estava ficando cada vez mais frustrado com a hesitação do comitê de investimentos e argumentava que, devido aos fatores macro imensamente favoráveis, o sucesso seria "uma barbada".

Por fim, à medida que os bancos ficavam mais ansiosos, negociamos um acordo em que ambos os lados poderiam conviver. O comitê de investimentos chegou à conclusão de que, com a deterioração da Vishal, era uma questão de "agora ou nunca". Eles escolheram o "agora" por conta da nossa convicção e da quantidade de trabalho que já havíamos feito para montar uma equipe de de alta qualidade sob a liderança de GK. Com a reestruturação financeira inicial acordada e após GK comprovar sua capacidade, o comitê aprovou o complexo investimento na Vishal no início de 2011.

Mesmo assim, muitas peças ainda precisavam se encaixar para levar tudo até a linha de chegada. A estruturação do negócio teve de dançar a música dos regulamentos comerciais de varejo indianos. Como empresas estrangeiras não tinham permissão para ter as lojas, montamos uma estrutura de duas partes em que um parceiro, o indiano Shriram Group, adquiria a parte de varejo da empresa (as lojas), e a TPG adquiria a parte de atacado, incluindo a administração central, de modo que controlaríamos a estratégia geral, incluindo finanças, merchandising e marketing. Nossas negociações com os muitos bancos credores resultaram em um pagamento de cerca de quarenta centavos por dólar emprestado, e fornecemos capital de giro suficiente para recomeçar a Vishal.

A peça crítica foi apoiar GK na seleção e instalação de uma equipe de liderança. Foi um processo meticuloso garantir que a equipe pudesse trazer talentos de classe mundial para o empreendimento. Para cada função aberta, procuramos dentro da rede de TALENTO DE GK, da minha própria, da rede da TPG ou trabalhamos com indicações e empresas de recrutamento para identificar líderes capazes de se destacar naquele ambiente. No momento em que fechamos a transação, GK, com nosso apoio, havia alinhado quase 70% da equipe de liderança. Entre eles estavam:

→ Uma varejista particularmente talentosa como diretora de vestuário, posição crucial, já que esse departamento representava cerca de 55% da receita;
→ Um líder experiente da rede de GK para ser o diretor de negócio de bens de consumo de giro rápido;
→ O diretor de RH, recrutado através do meu banco de talentos;
→ O controlador, cargo assumido por uma pessoa altamente experiente da rede de GK para cuidar dos relatórios financeiros e da contabilidade; e
→ A diretora de marketing, que identificamos e contratamos com antecedência e que pediu demissão da empresa em que trabalhava para ingressar na Vishal no dia em que o negócio foi fechado.

Ao contrário de algumas outras megalojas, que dependem de alimentos e de outros bens de consumo de alta rotatividade para garantir parte substancial de suas vendas, a maior categoria de vendas da Vishal é o vestuário. Esse era um dos fatores estratégicos que contribuíam para o nosso otimismo. Bens de consumo de alta rotatividade têm margens baixas e, portanto, não se alinham com os altos aluguéis que essas lojas costumam pagar. Na Vishal, cerca de 25% das receitas são provenientes de bens de consumo e alimentos de alta rotatividade. O vestuário tem uma margem muito maior e aumenta os benefícios dos aluguéis mais baixos que as lojas Vishal pagam por estarem localizadas em cidades e bairros de baixa renda.

Foi por isso que encontrar um candidato adequado para liderar o departamento de vestuário e renovar as linhas de produtos da Vishal era vital. Foram entrevistadas cerca de vinte pessoas, e GK teve a sorte de encontrar uma mulher experiente e altamente capaz para o cargo. Ela morava em Mumbai, e a Vishal teve de melhorar o pacote para torná-lo atraente a ponto de ela se mudar para Nova Delhi.

Depois que o negócio foi concluído, GK entrou em ação e continuou recrutando talentos para completar a equipe. Um dos mais críticos foi o novo CFO. Esse foi um desafio. O primeiro candidato perdeu apoio com o tempo, e o próximo favorito demonstrou interesse, mas desistiu por causa dos riscos. Em seguida, identificamos um forte candidato, que na época trabalhava em Cingapura como CFO da Unza, uma empresa de consumo subsidiária da Wipro. GK o conhecia e nos apresentou. Voei para Cingapura para avaliá-lo e vendê-lo em nosso plano. Ao longo de três semanas, GK e eu tivemos várias reuniões com ele. Outras pessoas da TPG também passaram algum tempo com ele para garantir que todos tivéssemos plena convicção de que era a pessoa certa.

GK adotou uma abordagem inovadora para contratar líderes operacionais de peso. Ele nos apresentou um executivo na Índia que possuía as qualificações certas e que já havia trabalhado com ele, então demos a essa pessoa a responsabilidade por metade do país. Em seguida, encontramos um executivo do Sam's Club com alta experiência em operações, novamente alguém que havia trabalhado com GK, e o colocamos no comando da outra metade do país. Mas, para garantir a coordenação, GK os colocou no mesmo escritório em Delhi. Mais tarde, GK contrataria, para assumir um cargo acima deles, um COO do Walmart.

Em nossos esforços para introduzir sólidas capacidades de gerenciamento de nível sênior de mercados mais desenvolvidos, também recrutamos consultores de nível de diretoria a partir de nosso banco de talentos. Eles desempenharam um papel importante no apoio a GK para complementar seus pontos fortes. Trouxemos Jonathan Price, que já havia trabalhado na The Body Shop e na Best Buy, para auxiliar nas operações de varejo. Também contratamos Steve Johnson, da minha rede de contatos. Ele já tinha trabalhado na Asda, uma rede de supermercados do Reino Unido, e na rede russa de megalojas Lenta. Trouxemos ainda Matthew Rubel, ex-presidente da Collective Brands, que era consultor da TPG.

Foi um começo promissor, e nós acreditávamos que estávamos encontrando o talento de que precisávamos para transformar o negócio e dar a GK tudo de que ele precisava para ter sucesso e implementar sua visão. A abordagem dele se baseava em várias observações relacionadas à evolução dos consumidores da Índia e da crescente classe média. Não apenas uma economia em rápida modernização estava construindo uma classe média com mais renda disponível, mas a revolução da internet exercia um grande impacto sobre os gostos e sonhos dessas pessoas, muitas recém-emergidas da pobreza. Elas estavam desenvolvendo novas aspirações para o tipo de vida que queriam viver, como queriam se vestir e parecer, influenciadas por imagens amplamente acessíveis de estilos ocidentais na internet.

A estratégia de GK era dar aos consumidores de baixa renda acesso a esses produtos a preços que pudessem pagar. Além disso, ele trabalhou de perto com os fornecedores para garantir alta qualidade. Reforçando essa abordagem, estava a política de devoluções generosa e sem questionamentos que ele instituiu. Ele percebeu que, para um consumidor indiano pobre, a compra de uma peça de roupa que se desfizesse rapidamente ou que não vestisse bem poderia ser um verdadeiro revés financeiro. Foi por isso que desenvolveu as políticas para fidelizar os clientes da Vishal.

O plano de GK elevou nossas próprias aspirações para a Vishal Retail, mas, por mais grandiosa que fosse a visão, nós precisamos lidar com um ambiente muito mais sombrio e caótico quando colocamos os pés no chão. Mesmo o melhor dos talentos não é capaz de blindar uma empresa contra desastres e desafios inesperados, e o primeiro ano da Vishal apresentou uma série interminável desse tipo de problema.

Nos esforços iniciais de GK para obter o controle da rede, ele agiu imediatamente para diminuir a perda de dinheiro. Então, fechou trinta das 150 lojas em apenas algumas semanas. Em uma análise profunda, determinamos que eram lojas que não estavam situadas em lugares adequados para apoiar a estratégia. GK planejava expandir mais tarde, mas, para começar, precisávamos evitar perdas em lojas que demonstravam pouca ou nenhuma perspectiva de gerar lucros. Ele também substituiu cerca de um terço dos funcionários nos primeiros seis meses e quase 90% nos primeiros dois anos.

As questões do dia a dia e a má organização que herdamos nos consumiam. GK instituiu um sistema temporário que exigia que ele aprovasse pessoalmente todas as despesas dos primeiros noventa dias. Foi trabalhoso, mas, segundo ele, essencial para colocar alguma ordem no sistema e evitar transações inapropriadas. Além disso, havia os litígios herdados. GK precisava lidar com advogados e intimações constantemente e em vários locais, devido ao sistema jurídico fragmentado da Índia. A maioria eram ações de fornecedores que não recebiam pagamento havia meses, senão anos. Alguns cansaram de esperar que os tribunais agissem: mais de uma vez, apareceram pessoas armadas na sede da Vishal, exigindo pagamento. A situação tornou-se tão ameaçadora que criamos uma porta escondida nas salas principais para que GK e sua liderança pudessem escapar se visitantes ameaçadores aparecessem.

A certa altura, um fornecedor credor conseguiu obter um mandado de prisão inafiançável para GK, Amol Jain e Puneet. Nosso advogado entrou em contato conosco e pediu que, se estivéssemos fora da Índia, não entrássemos no país por um tempo e, se estivéssemos no país, que nos mantivéssemos discretos e não aparecêssemos publicamente. Não eram procedimentos usuais na cartilha de *private equity*. Nós acreditávamos que se tratava apenas de uma tática de intimidação e que o mandado havia sido obtido de maneira inadequada. Nossos advogados conseguiram revogar o mandado, mas o incidente nos alertou quanto ao potencial de caos na Vishal.

A conformidade com os regulamentos locais também exigiu atenção meticulosa. As lojas de varejo são obrigadas a cumprir até trinta leis e regulamentos locais, e algumas licenças devem ser renovadas mensalmente. Na gestão anterior, o processo havia sido negligenciado. GK criou um gráfico que listava as aprovações e licenças necessárias, deixando as não cumpridas marcadas em vermelho. Inicialmente, quase todo o gráfico era vermelho, mas, por meio de um processo metódico, ele eliminou os problemas um a um e colocou as lojas em conformidade.

Enquanto trabalhava para improvisar soluções para esses problemas — que também incluíam longas negociações com proprietários de lojas que não tinham recebido seus pagamentos —, GK tomou uma série de medidas estratégicas. Um esforço importante foi encontrar maneiras de descartar mercadorias obsoletas para que pudessem ser substituídas por produtos mais atualizados e de alta qualidade, principalmente roupas. De modo geral, todas os produtos antigos foram vendidos com grandes descontos, apenas para abrir espaço, em um processo demorado.

O primeiro ano foi uma batalha quase diária pela sobrevivência. Cada tijolo do negócio teve de ser reconstruído, até mesmo repensado. Mas, no final daquele ano, a empresa estava empatando, as vendas estavam aumentando de maneira geral, muitos credores começavam a receber e, por ter se livrado de mercadorias antigas, a Vishal passou a oferecer produtos mais modernos e de melhor qualidade, atraindo mais consumidores.

GK limpou e atualizou a aparência das lojas restantes e deu outro passo significativo para tornar a experiência de compra mais amigável: removeu os gargalos nas filas do caixa. A Vishal introduziu dispositivos portáteis de pagamento móvel, um passo inovador na época na Índia. Funcionários com os dispositivos se espalhavam pela loja, criando uma capacidade significativamente maior para agilizar os pagamentos e liberar os clientes com suas compras.

Depois de alcançar esses marcos, no segundo ano, GK começou a abrir novas lojas em locais bem pesquisados, iniciando o processo essencial de expansão. Como cada nova loja significava a criação de cerca de cem empregos, entrar na fase de expansão nos ajudou a aumentar a receita, impulsionar a produtividade e conquistar a fidelidade dos funcionários. Mas as tensões do crescimento também testaram a liderança e exigiram a substituição de alguns executivos seniores que não estavam dando certo.

Um membro do conselho que havíamos contratado agia de forma burocrática e inflexível, então tomamos a decisão de substituí-lo. Outra questão crítica de talento surgiu quando a executiva que GK contratou para chefiar a divisão de vestuário decidiu, depois de vários anos produtivos, deixar a empresa para voltar para a casa de sua família em Mumbai. Ela tinha promovido um impacto real nos negócios e queríamos contratar um talento de nível mundial para manter o ritmo. Por fim, a Vishal encontrou um varejista experiente em Londres e, em seguida, outra talentosa executiva de vestuário parisiense que estava trabalhando na China, que acrescentou nova sofisticação e produtividade aos negócios. Ela era orientada por dados e continuou atualizando os produtos nessa área de alta margem.

O conselho da Vishal, no qual eu ingressara como diretor do comitê de remuneração, se reunia trimestralmente, mas havíamos estabelecido um sistema de reuniões mensais com um comitê executivo para garantir que estávamos monitorando os negócios de perto e respondendo aos problemas rapidamente. Eu passava um tempo com GK para discutir seu progresso e oferecer apoio conforme necessário antes e depois dessas reuniões para me certificar de que ele compreendia seus desafios e para oferecer recursos que pudessem ser úteis. Também fazia a coordenação com Puneet, mantendo-o informado, obtendo seu feedback e depois compartilhando o nosso com GK, para garantir as prioridades do conselho. Além disso, conduzia duas avaliações de desempenho por ano com GK, que eram focadas nos indicadores de negócios, suas necessidades e realizações, e também os objetivos para o próximo ano. Uma vez por ano, essas conversas também abordavam seu programa anual de remuneração e incentivo. Isso era fundamental na nossa comunicação e garantia que o processo fosse analítico.

A TPG deu seguimento ao investimento inicial com duas parcelas adicionais para providenciar o capital para o crescimento, e o ritmo de expansão acelerou, criando aumento significativo de valor. A produtividade e as receitas aumentaram acentuadamente à medida que a Vishal inaugurou novas lojas e aumentou as vendas nas lojas existentes. O EBITDA mais que dobrou do quarto ao sexto ano depois do nosso investimento inicial.

Em 2018, a Vishal Retail era uma empresa diferente. Ela havia se tornado a varejista de crescimento mais rápido na Índia e o maior varejista de vestuário do país. Surgiram imitadores, um reflexo da força do modelo de megaloja da Vishal, mas a combinação de crescimento rápido e custos relativamente baixos fortaleceu a marca e produziu aumentos contínuos no valor multiplicador do empreendimento.

A TPG decidiu sair desse outrora investimento de alto risco no final de 2018, vendendo suas ações a alguns dos sócios-investidores que haviam embarcado na aposta. Uma empresa que tinha cerca de US$ 60 milhões em receita anual em 2011 cresceu para mais de US$ 800 milhões em receita, tornou-se altamente lucrativa e havia se expandido para 370 lojas em todo o país. Talvez igualmente satisfatório quanto isso, empregava mais de 13 mil pessoas diretamente e 100 mil indiretamente, entre vendedores e fornecedores, muitos trabalhadores semiqualificados que agora recebiam salários significativamente mais altos do que no passado. Ao formar a equipe de liderança da Vishal, conduzi pessoalmente cerca de duzentas entrevistas. Foi extremamente gratificante ver que a minha metodologia ajudou a criar a base para esse sucesso notável. A liderança e a visão de GK proporcionaram um desempenho impressionante, e ele continua sendo investidor e CEO enquanto a Vishal segue sua trajetória ascendente, não apenas como um investimento valioso, mas um sucesso comercial e social sustentável.

PRINCIPAIS APRENDIZADOS

VISHAL RETAIL

RAM CHARAN

Eis uma empresa que todos estavam prontos para jogar no lixo. Os bancos haviam perdido a esperança. No entanto, Puneet e o restante da equipe de negócios estavam convencidos de que havia uma oportunidade significativa para criar valor substancial. Como parceiro da equipe de negócios, Anish não permitiria que a falta de talento fosse o motivo para desistir do negócio.

→ Ao procurar um CEO, Anish e a equipe de negócios entenderam que não poderiam obter tudo o que havia na lista de requisitos. Não existiam pessoas com experiência substancial em varejo na Índia. O que eles encontraram em GK, no entanto, foi alguém com um histórico de desempenho muito sólido, profundo conhecimento do consumidor indiano, um potencial incrível e habilidades de liderança. Em um setor ainda em desenvolvimento, nunca haveria um candidato que atendesse a todas as exigências, então cercaram GK com conselheiros, membros de conselho e líderes-chave certos para crescer rapidamente.

→ GK, com o apoio de Anish, sabia que precisava formar uma equipe com um conjunto de habilidades que complementassem as suas, então seu foco foi atrair líderes do setor de varejo. Embora pudessem não ter experiência na Índia, GK tinha isso de sobra. Por sua vez, esses executivos trariam a experiência de varejo global que faltava a ele na época. É vital cercar os talentos de alto potencial em funções críticas de outros líderes que oferecem habilidades complementares.

→ Notavelmente, GK assumiu muitos riscos. Ele ocupava um cargo sênior e confortável na Reliance Retail, mas desejava liderar uma grande empresa por conta própria. Ele deu um salto de confiança quando assumiu o cargo de consultor na TPG, o que lhe daria a chance de ser o CEO da Vishal e de construir a primeira megaloja da Índia. É uma lição para todos os líderes. É fácil ser pego nas armadilhas da vida corporativa cotidiana, mas os grandes líderes estão em contato com os próprios desejos e missão, e usam isso como incentivo para coisas melhores.

→ Anish foi inovador, pois iniciou o processo de busca de talentos antes mesmo do investimento na Vishal. Ele convenceu uma empresa de recrutamento a começar a trabalhar sem remuneração, contou com sua própria rede de talentos na Ásia e conquistou a confiança de colegas investidores. Ele se envolveu em centenas de entrevistas detalhadas com páginas e páginas de anotações e conseguiu que um executivo altamente capaz concordasse em assumir o cargo de CEO de uma empresa antes que o investimento fosse aprovado e finalizado. Ele fez parceria com a equipe de negócios e com GK na construção de uma equipe sólida. Por fim, sua perseverança valeu a pena, com um resultado incrivelmente bem-sucedido para a TPG e a Vishal.

CAPÍTULO 5

PRIORIZAR TALENTO E COLABORAÇÃO PARA IMPULSIONAR A CRIAÇÃO DE VALOR

ALEX GORSKY, PRESIDENTE E CEO DA JOHNSON & JOHNSON

Quando assumiu como CEO da respeitável Johnson & Johnson em abril de 2012, Alex Gorsky levou com ele muito mais do que anos de experiência na indústria farmacêutica e um histórico impressionante. Ele levou uma onda de energia renovada na forma de novos e sólidos compromissos com inovação e colaboração que permitiram que esse graduado de West Point e veterano do Exército transformasse a empresa para que ela agisse, em suas palavras, como uma "startup de 135 anos".

Ele rompeu com crenças antigas, criou um senso de empreendedorismo e propriedade entre os gestores, abriu a cultura ao adotar ideias de pesquisas promissoras fora e dentro da empresa, bem como inspirou a liderança a pensar na companhia como um todo, em vez de focar em uma única divisão. Alex demonstrou que mesmo uma empresa extremamente grande e mais antiga, com uma injeção de espírito empreendedor, pode criar valor como uma novata ágil. É um elefante que dança, e os resultados falam por si.

Desde que ele assumiu a direção da empresa, o valor de mercado da Johnson & Johnson cresceu quase US$ 300 bilhões e gerou retornos de cerca de 150%, o triplo do desempenho de um índice das grandes empresas farmacêuticas.* Em suma, ele criou múltiplos em valor, de forma muito parecida com um negócio lastreado em ações de alto crescimento.

Como Alex explicou em uma conversa, um dos segredos para os muitos anos de sucesso foi a forma como ele reconceituou e supervisionou o papel do talento na empresa e estimulou um senso de *accountability* e colaboração. Segundo ele, isso exigia um novo tipo de líder. Ele reescreveu o manual de talentos da empresa para deixá-lo mais adequado para um mundo em transformação e para mercados altamente competitivos e em rápida mudança.

O que ele fez de diferente?

Ele tirou a equipe de liderança de seu espaço isolado tradicional e incentivou os executivos a pensarem de forma mais integrada, considerando as funções críticas interseccionadas, em vez de isoladas umas das outras. Um dos resultados é que agora os cientistas da Johnson & Johnson pensam mais na comercialização dos produtos, e os líderes comerciais são incentivados a aprender mais sobre a ciência por trás dos medicamentos e outros produtos e sobre como são desenvolvidos. Essa mentalidade é aprofundada na organização — os executivos pensam horizontalmente no sucesso geral da empresa, não apenas em suas próprias divisões.

Essa reinvenção mudou o paradigma tradicional dos líderes científicos da empresa. Alex contou que os instigou a "pensarem em si mesmos como ocupantes de um papel duplo, de pesquisa e liderança estratégica, em partes iguais". Isso contribuiu para a

---

* Segundo a S&P Capital IQ. Com base em um índice personalizado composto por Novartis, Roche, GlaxoSmithKline, Merck, Pfizer e Bristol Myers Squibb, medidos de 26 de abril de 2012 a 26 de fevereiro de 2021.

erosão das fronteiras tradicionais entre as áreas comercial e de P&D da empresa.

Um passo concreto que ele deu foi unir os líderes de pesquisa e desenvolvimento aos líderes de comercialização, como codiretores de divisões-chave, para atender à aceleração na velocidade das mudanças nos mercados e às necessidades de novos medicamentos e produtos de saúde. Essa abordagem *two-in-a-box* não é nova, mas o que fez a diferença foi conseguir que os dois operassem em um ritmo harmonizado. Esse modelo fomentou um senso de *accountability* e colaboração mais forte em toda a empresa.

"Vimos mais inovação nos últimos cinco anos do que nos trinta anteriores combinados", disse Alex. "Para acompanhar esse incrível ritmo de transformação, desenvolvemos uma estrutura de coliderança de alto desempenho que alinha a P&D e as funções comerciais."

Esse modelo foi implementado no topo e também se aprofundou para divisões específicas, como a terapêutica. "Se você olhar para nossas áreas terapêuticas, como imunologia, temos um diretor de P&D e um diretor comercial trabalhando lado a lado e alcançando ótimos resultados", disse. "Em toda a nossa família de empresas, esse modelo abriu um novo espírito de empreendedorismo, inovação e *accountability* que está impulsionando o crescimento de toda a estrutura."

No modelo *two-in-a-box*, os líderes de P&D e comercial compartilham responsabilidades. Eles devem se valorizar mutuamente e confiar um no outro para impulsionar o sucesso e o crescimento da unidade. "Para isso funcionar, tivemos de criar o ambiente certo, definir as expectativas e os incentivos certos e implementar os sistemas de desenvolvimento certos."

Alex se concentrou em recrutar e desenvolver talentos capazes de enxergar além dos limites. Ele transformou a abordagem farmacêutica tradicional de buscar apenas novos produtos inovadores a partir de pesquisas internas, incentivando que a organização fosse igualmente agressiva na busca de novas ideias de fontes externas.

"Somos profundamente comprometidos com nossa área de P&D. Ao mesmo tempo, priorizamos a criação de um ecossistema de inovação o mais robusto possível, seja por meio de crescimento orgânico e inovação, parcerias ou aquisições. Chamamos isso de sermos 'agnósticos em relação à inovação', o que permite nos concentrarmos nas melhores ciência e inovação possíveis, independentemente da origem. A ciência está se desenvolvendo tão rapidamente que, para prosperar, é preciso sermos ágeis, capazes de identificar novas plataformas interessantes, promissoras e diferenciadas. Na Johnson & Johnson, combinamos isso ao nosso tamanho e escala para rapidamente oferecer soluções para um mercado global."

"Essa nova filosofia exigiu desenvolver e promover líderes com uma mentalidade diferente do passado", explicou Alex. "Eles devem ser mais ágeis, ter uma compreensão mais profunda de diversas áreas temáticas e sentir-se à vontade para trabalhar em várias disciplinas. Eles precisam adorar trabalhar com novas ótimas ideias, sem se preocupar com a origem delas, e não podem mais ser apenas especialistas em um único campo."

"O ambiente de hoje é mais dinâmico, exigente e diversificado do que nunca", disse ele. "Para aproveitar esse momento incrível na área da saúde, nossos líderes precisam ser tão bons em parcerias externas quanto internas. O que estamos procurando criar são situações em que todos os lados obtenham retorno e funções significativas, para que todos estejam de fato investidos no sucesso."

O uso dessas aquisições, muitas delas girando em torno de US$ 100 milhões, para criar plataformas de mais de 1 bilhão de dólares, tem sido fundamental na criação de valor empresarial significativo. "Isso faz parte do molho secreto da Johnson & Johnson", disse Alex.

Outro elemento na abordagem do executivo é o foco intenso na execução. Líderes na Johnson & Johnson não podem simplesmente delegar a execução de planos a executivos de nível inferior, como poderiam fazer no passado — eles devem mergulhar em todos os detalhes da implementação.

"Foi-se o tempo em que os líderes apenas definiam a estratégia e contavam com uma equipe para executá-la", disse Alex. "O ambiente está mudando tão rápido que é preciso ter uma consciência situacional constante", complementou. "Caso contrário, você será ultrapassado por uma mudança estratégica ou por uma falha na execução que subitamente colocará toda a estratégia em risco. Para qualquer líder, colocar ênfase dupla na estratégia e na execução é de vital importância para o sucesso."

É importante ressaltar que Alex desenvolveu um ritmo operacional que incentiva cada líder a buscar e fornecer feedback aos pares, mesmo em questões que estejam fora de suas áreas específicas de responsabilidade ou especialização. O próprio Alex desafia esses líderes e lhes dá um feedback oportuno e direto. Os gerentes incentivam as equipes a pensarem horizontalmente em toda a empresa para construir a melhor coordenação e pensamento colaborativo.

Em última instância, todas essas mudanças no tipo de talento em que a Johnson & Johnson confia exigem uma nova geração de CHRO. O novo CHRO deve estar muito mais envolvido com os líderes da empresa e ser um parceiro no desempenho geral dos negócios, não apenas focado em tarefas administrativas, explicou Alex. Um CHRO de sucesso agora precisa ter "o equilíbrio certo entre empatia e senso de urgência" para mudar a organização conforme seja necessário, além de ser acessível. O CHRO deve ser um conselheiro de confiança do CEO e da equipe de liderança. Alex disse que construiu exatamente esse tipo de relacionamento com seu CHRO, Peter Fasolo.

"É raro o dia em que Peter não é a primeira e a última pessoa com quem falo", contou Alex. "Temos um relacionamento totalmente baseado na confiança e no respeito um pelo outro. Eu me sinto completamente confiante e à vontade para conversar com ele, porque sei que ambos estamos tentando prever o que é melhor para a organização."

Alex disse que incentiva sua equipe de liderança a construir um relacionamento próximo com Peter e a confiar nele como um conselheiro em decisões importantes. "O chro precisa ser alguém em quem as pessoas confiem instintivamente", afirmou ele. "Eu digo a Peter que, se nossos líderes de negócios não ligarem para ele todos os dias, estamos com problemas. As pessoas recorrem a Peter porque ele agrega valor."

A visão de Alex melhorou o ritmo de tomada de decisões na Johnson & Johnson. Isso também se aplica às decisões que ele toma relacionadas a talentos. "Depois de perceber que contratou ou apoiou o líder certo, concentre-se em ajudá-lo a ter sucesso e estar à altura da ocasião. Aliás, quando avalio novos líderes, uma das primeiras perguntas que faço é quantos líderes e equipes de sucesso você apoiou, quantas pessoas devem suas carreiras a você?"

Quando a pandemia chegou, no final de 2019, a Johnson & Johnson imediatamente começou a desenvolver uma vacina para o coronavírus, um "tiro na lua", disse Alex. A empresa montou o que era, basicamente, uma nova operação para conduzir seus esforços de pesquisa com velocidade excepcional, e seus cientistas agarraram a oportunidade. No coração da resposta da empresa, o que se viu foi uma parceria estreita e dinâmica entre Alex e o dr. Paul Stoffels, vice-presidente do comitê executivo e diretor científico da Johnson & Johnson.

"A liderança transformadora de Stoffels e a capacidade de obter o melhor de sua equipe foi um grande fator para realizarmos uma operação tão extraordinária", disse Alex. "Foi um caso em que nossos cientistas realmente se destacaram sob sua liderança. Eles sentiram um profundo compromisso em relação àquela emergência de saúde global, assim como todos nós na Johnson & Johnson. Em janeiro de 2020, o dr. Stoffels desempenhou um papel fundamental ajudando nossos cientistas a passarem do recebimento das informações de sequenciamento genômico para, literalmente em questão de semanas, apresentarem três ou quatro opções para desenvolvimento."

Alex acredita que muitas dessas lições têm relevância duradoura, muito além de apenas tratar da pandemia de covid-19. A parceria entre os líderes da Johnson & Johnson é um modelo de como as empresas podem combinar ciência, inovação e liderança com propósito para resolver alguns dos problemas mais complexos da sociedade. "Foi um momento de reafirmação de como podemos usar nossa escala, nosso alcance e nossa experiência para tomar decisões e criar produtos que tenham um impacto positivo duradouro para bilhões de pessoas em todo o mundo e gerar valor de longo prazo para todas as partes interessadas", disse Alex.

Para prover o melhor talento para supervisionar esse esforço ao lado do dr. Stoffels, a Johnson & Johnson contatou um executivo aposentado e o convenceu a voltar por conta de sua experiência especial nesse tipo de esforço operacional. O executivo, Jack Peters, que havia sido presidente do grupo na Europa, já possuía os contatos e as habilidades necessárias para dar suporte aos planos de distribuição e acesso.

"Percebemos que não apenas precisávamos desenvolver uma vacina, mas também um sistema de distribuição, uma forma de o mundo inteiro, inclusive países em desenvolvimento, ter acesso à nossa vacina. Fizemos parceria com todo o espectro de organizações internacionais, da Fundação Bill e Melinda Gates à Gavi", disse ele. "Partir de P&D para desenvolver bilhões de doses para distribuição mundial em um curto período é um esforço imenso.

Não há como se treinar alguém para fazer isso rápido o suficiente. Precisávamos de alguém que já tivesse todos os números no iPhone e contasse com a confiança de todas as pessoas dessa rede. Essa pessoa era o Jack."

Esse esforço concentrado resultou na aprovação e no lançamento bem-sucedido de uma vacina contra o coronavírus no final de fevereiro de 2021. O trabalho de desenvolvimento e distribuição da vacina é um exemplo da agilidade da Johnson & Johnson, bem como de sua cultura consistente baseada em valores e orientada a propósitos. Como CEO, Alex construiu uma equipe de liderança e uma organização profundamente comprometidas em atender pacientes e consumidores, e criou um sistema em que os líderes estão alinhados com as crenças da empresa. Esse foco voltado para o propósito, combinado com uma mentalidade de *accountability* em todos os níveis da organização, rendeu um sucesso empresarial incrível e fez da Johnson & Johnson uma "startup de 135 anos".

PRINCIPAIS APRENDIZADOS

JOHNSON & JOHNSON

RAM CHARAN

Os instintos sugerem que as organizações em crescimento estão limitadas a empresas de capital privado ou de pequeno porte. Na realidade, mesmo uma grande empresa de 135 anos pode operar com uma mentalidade de crescimento. Alex Gorsky infundiu essa ideia na Johnson & Johnson, permitindo que a empresa fosse tão ágil quanto qualquer startup. Alex provou com sucesso que é possível fazer um elefante dançar.

→ A ruína de grandes empresas com o legado de alcançar velocidade e agilidade é a mentalidade de líderes isolados se reportando ao CEO. Alex reuniu, com sucesso, os dois motores de crescimento mais críticos em uma *accountability*, um plano de negócios, um modelo de alocação de recursos, um plano de remuneração e um conjunto de decisões para as "pessoas certas nas funções certas". Nada que possa consumir o tempo do CEO é deixado em aberto entre esses dois motores. Da mesma forma, as empresas não podem mais operar em torres. Alex incentiva sua equipe de liderança a estar aberta a novas ideias, mesmo que elas venham de fora, levando a parcerias e aquisições de outras empresas, rompendo com as normas de desenvolver tudo internamente. Essa noção de trabalhar além das fronteiras é um multiplicador de valor de mercado importante para a Johnson & Johnson.

→ A parceria de Alex com Peter, seu CHRO, exemplifica o impacto estratégico que um CHRO de alta qualidade pode ter. Foi impressionante ouvir que Peter é normalmente a primeira e a última pessoa com quem Alex fala todos os dias. Peter revela valor e é procurado pelos colegas e outros líderes funcionais. Ele não usa a função apenas para impor políticas e procedimentos em toda a organização. Ele é um *sparring* para Alex e contribui em decisões críticas de talentos, design organizacional e incentivos. Os CHROS devem pensar em seu papel em relação à influência que exercem sobre outros líderes e ao valor que podem criar estabelecendo parceria com eles.

→ Alex mantém todos os líderes em padrões extraordinariamente elevados. Para ter sucesso na Johnson & Johnson, é preciso ser excepcional em estratégia e, ao mesmo tempo, mergulhar nos detalhes e na execução perfeita. Os executivos da equipe de liderança estão alinhados em termos de direção e incentivos, desafiando uns aos outros. Todos os CEOS deveriam manter suas equipes de acordo com esses padrões e pedir que sejam tão consistentes na execução quanto na definição de estratégias e direção.

CAPÍTULO 6

REPENSAR O MITO DE QUE "EM TIME QUE ESTÁ GANHANDO NÃO SE MEXE"

HEMNET

Era uma manhã de segunda-feira de pleno inverno em Estocolmo, e meu colega e eu estávamos empacados do lado de fora do prédio em que realizaríamos as primeiras reuniões com uma das mais novas empresas do portfólio de investimentos da General Atlantic, a Hemnet AB. Estávamos congelando. Depois de tocar a campainha, esperar e tocar mais algumas vezes, finalmente fomos autorizados a entrar e recebidos com saudações amistosas enquanto começávamos a nos aquecer. Mas não tivemos tempo para relaxar e descansar antes das entrevistas com a equipe de liderança da empresa. Mal cheguei e o CEO me convidou para uma reunião geral com os funcionários. Sem tempo para me preparar, improvisei e falei da minha empolgação com o investimento da GA na Hemnet e na parceria com a equipe de gestão para expandir a empresa. Uma vez instalado depois dessa apresentação, comecei minha primeira reunião de avaliação individual com o CEO, uma conversa de três horas.

Era o início de 2017 e a General Atlantic tinha acabado de investir na Hemnet, o site mais acessado de compra e venda de imóveis da Suécia. Não tinha sido fácil. Uma empresa norueguesa conseguira fazer o investimento no início de 2016, mas os reguladores interromperam a negociação devido a preocupações antitruste. Assim que o processo foi reaberto, o sócio da General Atlantic, o arquiteto da transação, Chris Caulkin, agiu rapidamente. Chris é extremamente experiente no espaço de classificados on-line. Ele liderou investimentos no SeLoger (França) e no Immoweb (Bélgica), entre outros, e já avaliou centenas de empresas de classificados on-line, o que lhe deu uma sólida noção do setor e um olho treinado para importantes padrões de desempenho. Isso permitiu que ele enxergasse com confiança que a Hemnet era uma empresa única.

A Hemnet detém posição dominante no negócio de compra e venda de imóveis residenciais na Suécia, com participação de mercado superior a 90% e cerca de 88% de reconhecimento entre os consumidores. Todo o ecossistema imobiliário residencial conta com a plataforma. Com sua sólida experiência, Chris liderou as negociações e o fechamento do acordo com a Hemnet, no qual a General Atlantic adquiriu participação de 61% e deu a essa empresa privada de internet um valor implícito de cerca de US$ 214 milhões.

A Hemnet foi fundada em 1998 por duas associações de corretores de imóveis da Suécia e pelas duas maiores imobiliárias do país, reunindo compradores e vendedores de imóveis residenciais por meio de ferramentas on-line. Inicialmente, as publicações não eram cobradas, mas a Hemnet vendia publicidade no site para cobrir as despesas. Em 2013, a empresa alterou o modelo operacional, cobrando taxas dos vendedores de imóveis pelos anúncios. A Hemnet oferece um grande estoque de propriedades e acesso a serviços para compradores e vendedores, bem como ferramentas para auxiliar os corretores na promoção de seus negócios. O site recebe cerca de 3 milhões de visitantes por semana.

Mesmo com o forte histórico, acreditávamos que a Hemnet tinha um potencial inexplorado. Achávamos que ela poderia expandir para além de seu formato popular, desenvolvendo novas linhas de negócios relacionadas, tornando o site mais compatível com dispositivos móveis e aumentando significativamente suas margens de lucro ao monetizar a grande base de clientes. Seriam necessários um plano novo, agressivo, e uma nova cultura corporativa voltada para a inovação de produtos, com foco no cliente e em resultados. Para chegar lá, a empresa precisava de um CEO orientado para o crescimento, alguém com desejo de mudança e espírito empreendedor no DNA.

Minha reunião naquela manhã de segunda-feira com o CEO, a quem neste livro chamarei de John, começou com um tom otimista. John estava entusiasmado e se comportava de maneira calorosa e envolvente. Ele parecia encantado com o investimento da General Atlantic.

John tinha um bom histórico — a Hemnet estava se saindo extremamente bem — e uma história para contar. Ele havia sido o gerente-geral de uma empresa de varejo de alto crescimento e tinha sólida experiência internacional. Ele supervisionou o crescimento da receita e do EBITDA na Hemnet e melhorou o relacionamento da empresa com os corretores, essenciais para o sucesso da plataforma. Pouco antes, corretores e vendedores ficaram insatisfeitos quando a Hemnet aumentou suas taxas de anúncio. Mas John disse que dedicou um tempo considerável se reunindo e conversando com corretores e clientes — pelo menos mil deles, disse ele — para tranquilizá-los e reconquistar a confiança. Isso tudo era bastante positivo.

Quando questionei sobre suas prioridades, John disse que a principal era preencher os cargos vagos em sua equipe. Seis funcionários se reportavam diretamente a ele, três diretores de linhas de negócios e três executivos seniores. Mas, disse ele, três dos cargos estavam vagos havia algum tempo e, embora preenchê-los fosse um objetivo importante, estava sendo difícil identificar e contratar os candidatos certos. Um problema era o tamanho de cada unidade. No máximo, geravam pouco mais de US$ 20 milhões por ano em receita, uma base que limitava o valor dos salários que a Hemnet poderia pagar e, portanto, também os candidatos que eles poderiam atrair. Quando John compartilhou isso, ponderei uma questão: por que ele continuou a recrutar para cargos que seriam impossíveis de preencher, em vez de repensar a estrutura para melhorar as perspectivas de contratar o talento certo?

Quando perguntei sobre prioridades adicionais, ele disse que havia poucas, porque os acionistas anteriores não o haviam pressionado a desenvolver outros objetivos estratégicos. Ele disse que esperava que os novos acionistas assumissem, compartilhassem o plano de crescimento e ajudassem a definir as novas prioridades. Ele explicou que planejava estabelecer um sólido conjunto de padrões de desempenho para as divisões e seus executivos para garantir que houvesse *accountability* gerencial e para disseminar os KPIS mais profundamente na empresa. Isso seria incorporado a um painel de desempenho que daria uma visão rápida do progresso de Hemnet em metas importantes. Intenções à parte, não havia um plano pronto para ser lançado. Ele explicou que o conselho ainda não tinha solicitado que ele o fizesse.

Fiz uma pausa. Como a Hemnet estava tendo tanto sucesso com metade dos cargos de liderança vagos, falta de clareza sobre as prioridades de crescimento e nenhum sistema para medir de maneira constante o desempenho executivo? Lembrei-me de que Chris havia mencionado que a cultura não era de alto desempenho como ele gostaria que fosse.

Quando me reuni com o restante da equipe administrativa, fui direto às perguntas, o que me ajudou a entender a situação. Os executivos me disseram que John acreditava firmemente no consenso, o que geralmente é uma qualidade. Mas temiam que isso pudesse estar inibindo decisões difíceis.

O ponto forte de John eram os relacionamentos interpessoais, tanto com os clientes quanto, até certo ponto, com os funcionários da Hemnet. Uma das consequências era que ele tendia a evitar ações decisivas ou se envolver em questões que pudessem criar tensões. Ele buscava relacionamentos colegiados com a equipe: consenso, não conflito. Além disso, tinha bastante familiaridade com empresas de tecnologia de consumo, mas não tinha a experiência de que precisávamos no desenvolvimento de novos produtos ou na execução de um processo de planejamento estratégico. Estava ficando claro que existe uma diferença entre um CEO, mesmo um muito capaz, e um CEO de crescimento. E o desafio da Hemnet era crescimento e mudança.

Depois da entrevista final no terceiro dia, minha colega Camilla Biancardi e eu pegamos as duzentas páginas de anotações que coletamos e fomos a um café para revisar o que havíamos aprendido. Tudo nos levou a uma pergunta que não podíamos mais evitar: John era o CEO certo para a próxima fase da jornada da Hemnet?

Com tudo o que aprendemos durante os três dias que passamos na sede da empresa, nossa preocupação era que John não fosse o líder certo para assumir o exigente trabalho de expandir os negócios, revolucionar a cultura, introduzir novas linhas de produtos, atualizar a tecnologia e moldar o novo caminho estratégico decisivo para a próxima etapa da jornada corporativa da Hemnet. O verdadeiro desafio era refinar nossa análise para que pudéssemos explicar claramente por que havíamos concluído que um CEO com desempenho sólido não era o líder certo para o futuro, o que, à primeira vista, poderia parecer contraintuitivo. Mas era uma mensagem que sentíamos que precisávamos apresentar a Chris e a dois outros membros do conselho com quem nos encontraríamos durante o jantar naquela noite. Tínhamos nossa própria decisão difícil a tomar.

Reunimos nossas ideias e nos dirigimos para o local do jantar, sabendo que seria uma conversa potencialmente tensa — e surpreendente. Nos reunimos em um canto tranquilo de um restaurante próximo e falamos de amenidades enquanto nos sentávamos, mas logo os membros do conselho pediram minha opinião sobre as capacidades de liderança. Fui direto. Eu disse que não achava que John era a pessoa certa para liderar a empresa daquele ponto em diante e que precisávamos encontrar um substituto o quanto antes. A razão, argumentei, era que, por melhor que ele estivesse se saindo naquele momento, eu não acreditava que ele estivesse preparado para alterar os rumos da empresa, expandi-la e mudá-la ou atingir os objetivos que havíamos planejado. Acrescentei que muitos dos executivos seniores da empresa compartilhavam das minhas dúvidas.

O silêncio foi tal que daria para ouvir um alfinete cair. Aquilo não parecia ser o que eles esperavam ou queriam ouvir. Chris ouvia meu diagnóstico pela primeira vez, já que não tivemos tempo de discutir minhas opiniões antes do jantar, e ele também pareceu surpreso. Em uma conversa posterior, ele reconheceu que aquela era a última coisa que queria escutar.

A remoção de um CEO não deve ser feita de modo leviano e não é uma abordagem que costumamos adotar na GA. Nós gostamos de apoiar fundadores e CEOs já consolidados e oferecer a eles suporte no crescimento de seus negócios, para atingirem nossos objetivos de investimento. Não surpreendentemente, houve uma reação imediata ao meu diagnóstico. Tivemos uma discussão ponderada e bem fundamentada durante o jantar. Como grupo, revisamos os desenvolvimentos positivos da Hemnet. A receita estava crescendo. As relações com a comunidade de corretores havia melhorado. E aquela não era uma empresa falida com necessidades extremas. Já era um sucesso.

Descompactamos os impulsionadores do desempenho passado e discutimos os blocos de construção que precisavam ser implantados para que a empresa atingisse seus objetivos estratégicos. Um impulsionador do passado foi o aumento das taxas de anúncio para crescer a receita, em vez da introdução de novos produtos, inovações de mercado ou atualizações de processos de negócios e melhorias de margem de lucro. Olhando para a frente, diferentes desafios precisavam ser enfrentados. Entre eles, estavam o desenvolvimento de novas linhas de produtos, a melhoria do desempenho do site em dispositivos móveis e uma estratégia para lidar com a "dívida técnica", o que significa corrigir problemas remanescentes de atualizações tecnológicas que eram importantes para a sustentabilidade da plataforma de tecnologia da Hemnet, mas que tinham sido adiadas. Precisávamos que a organização acionasse todos os cilindros para atingir potencial máximo, o que exigiria uma liderança mais forte, prioridades claras e a aplicação de ferramentas de gestão de desempenho. Ao discutirmos tudo isso, ficou óbvio que, embora John estivesse supervisionando um negócio de sucesso, ele não era a pessoa adequada para atingir o próximo nível de crescimento.

Os membros do conselho então perguntaram como substituiríamos John e quais eram as chances de encontrar um bom candidato na Suécia, dado o tamanho relativamente pequeno do país e do pool de talentos. Reconhecemos que encontrar um executivo em tecnologia de consumo com experiência de CEO na Suécia não seria fácil.

Além disso, também era algo em que não podíamos nos dar ao luxo de errar. Com base em nossa experiência na GA envolvendo dezenas de empresas ao longo de várias décadas, sabíamos que o retorno do investimento é imensamente afetado quando mudamos um CEO e pela recorrência dessa mudança. Em média, a TIR (Taxa Interna de Retorno) era de 15,7% com uma única mudança de CEO, o que significava que a seleção havia sido bem-sucedida e não precisou ser reconsiderada. Quando o CEO era trocado duas ou mais vezes, a TIR caía para 2,8%, em média. Talvez ainda mais importante, a TIR média saltava para 36,1% quando a mudança do CEO, se necessária, era feita dentro de um ano depois da consolidação do investimento, em comparação a 5,5%, quando a mudança acontecia depois do primeiro ano.

A mensagem não poderia ser mais clara. Os dados reforçam a percepção de que é fundamental agir com rapidez e bom senso ao contemplar a necessidade de contratar um novo CEO para uma empresa do portfólio. Ações decisivas e ponderadas fazem uma enorme diferença na criação de valor. Com base nessa pesquisa, sabíamos que precisávamos agir rapidamente com a Hemnet e fazer a seleção certa logo de cara.

Os membros do conselho então perguntaram: se decidíssemos substituir John, seria melhor dispensá-lo imediatamente e conduzir uma busca aberta depois da nomeação de um CEO interino ou deveríamos deixá-lo no cargo enquanto iniciávamos uma busca confidencial? Um membro do conselho temia que a Hemnet pudesse parecer sem rumo se demitisse o CEO imediatamente e achava que seria mais seguro deixar John no comando enquanto procurávamos um substituto. Depois de uma análise mais aprofundada, concordamos que, dada a falta de prioridades claras e o número de vagas de alto nível, precisávamos agir com urgência e informar à gerência que tínhamos uma abordagem clara.

A Hemnet tinha uma posição dominante no mercado e estava pronta para a monetização. O potencial era enorme, mas só seria realizado se agíssemos rapidamente. Também avisei que, se esperássemos e tentássemos fazer uma busca secreta com o CEO no cargo, o complicado processo retardaria as coisas drasticamente.

Passamos a noite lutando com as opções. A discussão ficou acalorada em alguns momentos, mas não havia política em jogo. Quando por fim encerramos a discussão, era mais de meia-noite. A decisão foi remover o CEO imediatamente, nomear o CTO como CEO interino e iniciar uma busca. O passo seguinte foi explicar a proposta a todo o conselho e deixar que os diretores votassem. Essa reunião aconteceu pouco tempo depois. Os membros do conselho tiveram uma discussão acalorada e revisaram cuidadosamente minhas considerações. Ao final, votaram por apoiar nosso plano.

Agimos rapidamente para selecionar uma empresa de recrutamento qualificada e desenvolver uma estratégia de busca. Entrevistamos duas empresas e decidimos trabalhar com a Russell Reynolds. Também fizemos parceria com um consultor que morava na Suécia e entendia o cenário de talentos do país, bem como os desafios de encontrar a pessoa certa.

Crítico, é claro, foi desenvolver os critérios para selecionar os candidatos. Precisávamos construir um alinhamento entre o conselho e a GA. Em especial, precisávamos ter um consenso de quais qualidades não eram negociáveis e de quais poderíamos, se necessário, abrir mão.

Decidimos que nosso novo líder deveria ter as seguintes experiências e competências:

→ Histórico de crescimento de três ou quatro vezes de um negócio de tecnologia de consumo ao longo de quatro a seis anos, ampliando as margens de lucro;

→ Experiência no desenvolvimento e lançamento de novos produtos e linhas de negócios;

→ Experiência na contratação e estruturação de uma sólida equipe de liderança;

→ Experiência comprovada na liderança de uma transformação cultural para aprimorar a inovação e a orientação para resultados; e

→ De preferência, um sueco ou alguém com grande conhecimento do mercado e da cultura sueca.

Essa lista passou por quatro iterações antes de batermos o martelo. Nosso candidato-alvo era ou tinha sido CEO e precisava ter experiência em fazer uma empresa crescer. Se necessário, estaríamos abertos a um CEO iniciante que tivesse experiência em administrar uma linha de negócios como gerente-geral. Não eram negociáveis experiência anterior em tecnologia de consumo e marketing digital e a capacidade comprovada de conduzir a transformação da cultura.

Agimos rapidamente e a Russell Reynolds retornou em cerca de dez dias com uma lista inicial de candidatos. Seguindo em frente, Chris apoiou os esforços de busca e mantivemos uma cadência semanal para revisar o progresso. Parte do meu foco era trabalhar de perto e apoiar Chris, que nunca havia liderado uma busca de CEO diretamente. Ele tinha dúvidas sobre as melhores abordagens em entrevistas, e eu compartilhei minha experiência no uso de uma abordagem cuidadosa e orientada por dados para obter as melhores percepções.

Em algumas semanas, eu estava me encontrando com os que chegaram à lista reduzida. Acabamos fechando em três candidatos, dois externos e um interno — nosso CEO interino, o CTO da Hemnet. Convidamos os dois candidatos externos a participarem de um estudo de caso, o que nos permitiria vê-los em ação. Com base nesses desempenhos, nos vimos pendendo para uma candidata altamente capaz, Cecilia Beck-Friis.

Cecilia não ocupava o cargo de CEO, mas tinha um histórico impressionante de desempenho na TV4, uma rede de televisão sueca. Na TV4, ela havia aumentado com sucesso as receitas de publicidade digital e a base de assinantes, além de ter liderado o desenvolvimento de produtos digitais para a empresa. Ela tinha herdado uma equipe disfuncional e tomou muitas decisões difíceis quanto ao pessoal. Gostamos do fato de que ela se moveu de forma rápida e decisiva em suas funções anteriores. Ela havia sido promovida diversas vezes, mas acabou deixando a TV4 para abrir um negócio de realidade virtual.

Tudo estava indo na direção certa até que, pouco antes de planejarmos fazer uma oferta, Chris recebeu um telefonema de Cecilia para dizer que havia decidido desistir do processo de seleção e que não queria mais ser considerada para o cargo. Foi um choque, mas ela disse que, depois de pensar melhor no assunto, não estava totalmente claro para ela se teria total poder de ação e se receberia do conselho os recursos necessários para administrar a Hemnet como considerasse adequado para atingir o sucesso. Disse ainda que também estava dividida quanto a deixar o negócio de realidade virtual que vinha construindo do zero. Por fim, nosso processo de recrutamento, que era rigoroso para garantir a precisão da contratação, era tedioso e não ajudava, deixando-a receosa quanto ao processo de tomada de decisões da empresa.

A essa altura, tínhamos plena convicção de que ela era a pessoa certa para liderar a Hemnet e não estávamos preparados para jogar a toalha. Para aliviar suas preocupações, conseguimos que Bill Ford, o CEO da General Atlantic, ligasse diretamente para ela para entender melhor suas preocupações e assegurar-lhe que teria o apoio e os poderes executivos que desejava. Bill também lhe garantiu que o investimento na Hemnet era uma prioridade para a General Atlantic e que a equipe tinha total confiança em sua capacidade de liderar. A ligação pareceu ter um impacto positivo imediato, e Cecilia aceitou a oferta. O processo durou cem dias.

Cecilia acabou se revelando uma CEO excepcional. Ela construiu uma equipe consistente e ajudou a empresa a expandir seu portfólio de produtos. A Hemnet mais que dobrou sua receita e lucros em apenas três anos. Em abril de 2021, concluiu com sucesso um IPO na NASDAQ Estocolmo. As ações fecharam no primeiro dia de negociação com alta de 54%, o que implica uma capitalização de mercado de US$ 2,1 bilhões, um aumento superior a dez vezes em relação ao primeiro investimento da General Atlantic. Esse resultado teve o apoio de uma marca extremamente sólida, escassez de ativos de tecnologia de crescimento local e a percepção do investidor público de que se tratava de um ativo de classificados públicos da mais alta qualidade globalmente (negociado com um prêmio múltiplo significativo para todos os pares), com uma equipe de gestão forte e diversificada.

PRINCIPAIS APRENDIZADOS

HEMNET

RAM CHARAN

"Não se mexe em time que está ganhando." Essa é uma das piores máximas de todos os tempos. Como a Hemnet estava ganhando quando a GA investiu, muitos teriam dito que não era preciso mexer em nada. Isso teria sido um erro. A empresa estava diante de grandes oportunidades, mas, para aproveitá-las, precisava de algumas mudanças.

→ Esse caso destaca uma mensagem importante para os líderes. Embora uma empresa possa estar indo bem em determinado momento, isso não significa que tenha o líder certo para o futuro. No papel, o CEO era forte, com experiência global relevante, mas a cultura da empresa era de baixo desempenho. É importante observar até que ponto Anish esteve envolvido. Ele fez uma análise detalhada da carreira e das realizações do CEO — o que tinha feito e como. Também conversou com mais de dez outros executivos e membros do conselho para entender melhor como o CEO se mostrava como líder e se tinham confiança de que ele poderia levar a empresa adiante. No final, Anish chegou à conclusão de que John era um executivo de alta qualidade, mas não era o melhor para a situação.

→ Ao longo dessa história, é notável como Chris Caulkin, o principal parceiro de negócios da GA, abordou a situação. Ele sentiu que algo não estava certo e teve a convicção de confiar em seu instinto e envolver Anish. Ele confiou nos dados que Anish apresentou e acabou tomando a difícil decisão de substituir o CEO. Isso exigiu uma coragem incrível, pois ele teve que voltar ao comitê de investimentos logo depois da conclusão do negócio e informar que a empresa precisava de um novo CEO. Às vezes, é preciso tomar decisões difíceis. Com muita frequência, os líderes se apegam a um talento por tempo demais porque são leais ou porque tiveram um bom desempenho no passado. A lealdade precisa ser para com o negócio. A empresa vem em primeiro lugar.

→ Fazer o recrutamento de um executivo, especialmente de um CEO, não é fácil. O pool de talentos era limitado em um mercado pequeno. A equipe investiu muito tempo certificando-se de que Cecilia era a candidata certa, para, com a escolha praticamente concluída, ouvir que ela não queria o emprego. No entanto, durante o processo de recrutamento, Chris passou o tempo todo construindo um relacionamento com ela. Eles chegaram a envolver Bill Ford, que fez uma ligação para entender por que ela estava desistindo e esclarecer as preocupações dela. Essa perseverança e determinação exemplificam o compromisso e a crença da General Atlantic de que contratar o talento certo é crucial em sua estratégia de investimento.

CAPÍTULO 7

A IMPORTÂNCIA DE APOIAR O LÍDER CERTO

ARGUS MEDIA

O CEO da Argus Media, a quem chamarei de Robert, foi direto ao assunto em minha primeira reunião com ele. Era outono de 2016 em Nova York, e a General Atlantic acabara de fazer seu maior investimento individual até então, adquirindo uma participação de 53% na Argus, uma empresa londrina de consultoria em preços de commodities e energia, inteligência de negócios e serviços de informação. Devido ao tamanho da transação e aos desafios de expandir uma empresa de US$ 1 bilhão, havia muito em jogo.

Robert, ex-COO da Argus, era especialista em detalhes e rapidamente usou o tempo comigo para descrever seus planos de redução de custos do negócio, implementação de aumento de preços, abordagem de atualizações de talentos necessárias em sua equipe executiva e trabalho em programas de remuneração e incentivos. O bom desempenho da Argus até então estava nas mãos de Robert e do presidente executivo, Adrian Binks, ex-CEO da empresa e espírito orientador. Robert enfatizava o processo, refinando tudo o que fazia o negócio funcionar, enquanto o foco de Adrian era no cliente e em como a empresa se diferenciaria no mercado.

A negociação da Argus foi liderada por Gabriel Caillaux, um dos copresidentes da General Atlantic, líder de nosso portfólio da EMEA* e analista dos setores de serviços financeiros e tecnologia. Gabe vinha acompanhando e construindo um relacionamento com a Argus havia mais de sete anos, conversando por todo esse tempo com a família fundadora e o presidente da empresa. Adrian desempenhou um papel crítico na negociação, se aprofundando no negócio desde a origem, com um boletim informativo interno focado nos mercados europeus de petróleo para uma empresa global de informações. Com as novas tecnologias e a globalização revolucionando as indústrias da informação, o momento para fazer o investimento parecia certo, então Gabe convenceu a família fundadora, que eram os maiores acionistas, de que o desejo da General Atlantic de ajudar a expandir a empresa, atualizar sua tecnologia e adicionar novos recursos era a abordagem certa para a construção de seu legado.

Gabe argumentou que, cada vez mais, ferramentas digitais e análises de dados sofisticadas estavam criando desafios e oportunidades para players experientes em negócios de informação, e a Argus estava bem posicionada para se tornar um líder nesse espaço. Gabe e os outros sócios da General Atlantic sabiam muito bem que uma coisa era formular uma grande tese de negócio no papel, e outra bem diferente era colocar uma equipe de alto desempenho para cumprir a tese de crescimento e criar múltiplos em valor em um período de quatro a cinco anos. Assim que o ne-

---

* Acrônimo de "Europe, the Middle East and Africa" (Europa, Oriente Médio e África). (N. E.)

gócio foi fechado, Gabe me pediu para desenvolver uma estratégia de liderança e organização para a Argus.

Comecei com Robert naquela primeira reunião de duas horas em Nova York. Tinha a sensação de que a maioria de nossos sócios e executivos da Argus o considerava a voz do futuro, o que parecia promissor. Eu precisava testar seu pensamento, estilo de liderança e ritmo operacional para entender como ele se comportaria no longo prazo. Robert era claramente um bom gestor de processos e operações, mas descobri rapidamente que ele tinha muitas preocupações sobre o que considerava obstáculos em seu caminho. Mas não se tratava de bloqueios de estradas comuns. Eram centrados em visões divergentes e na falta de alinhamento entre ele e Adrian, o presidente executivo. Adrian não era apenas o ex-CEO que antecedeu Robert, ele era um dos principais acionistas. Ele tinha uma participação substancial, que manteve quando a General Atlantic fez seu investimento.

Robert compartilhou suas muitas frustrações relacionadas à falta de alinhamento com Adrian, explicando que se sentia em desvantagem e sem autonomia para ter sucesso. Ele disse que Adrian frequentemente se envolvia em questões operacionais e desafiava suas decisões relacionadas a prioridades corporativas, talentos e precificação. Robert comentou, sem rodeios, que esperava que Adrian, como presidente executivo, supervisionasse as atividades do alto de 3 mil metros de altura, oferecendo orientação, mas deixando a gestão diária do negócio para o CEO. Quando perguntei o que ele esperava da parceria com a General Atlantic, Robert sugeriu criar uma barreira entre ele e Adrian.

Percebi que a chave era avaliar a situação durante minha reunião com Adrian, bem como com outros membros da equipe de liderança, mantendo a mente aberta ao coletar informações. O fato de a questão envolver o presidente do conselho e o segundo maior acionista exigiu que eu trabalhasse ainda mais de perto com Gabe e sua equipe e, por fim, com o conselho da Argus, tirando conclusões baseadas em dados sobre como poderíamos lidar com a situação e alinhar as opções. No entanto, simplesmente chegar ao assunto com Adrian provou ser um desafio. Quando viajei para Londres para passar mais tempo com Robert e conhecer Adrian e a equipe de liderança, fiquei surpreso por terem agendado uma reunião de apenas 45 minutos com Adrian, enquanto as reuniões com o restante dos membros da equipe de liderança estavam marcadas para durar noventa minutos cada. Felizmente, quando conheci Adrian, ele foi caloroso e gentilmente disse que poderia conversar comigo o tempo que fosse necessário. Acabamos falando por quase três horas.

Adrian, que estava na Argus havia mais de trinta anos, articulou uma visão clara para o negócio. Ele enfatizou que a empresa precisava construir uma estratégia de crescimento forte e de longo prazo que incluísse a expansão em mercados-chave, como os Estados Unidos e a Ásia, alinhando suas capacidades com clientes globais e criando novos produtos e recursos analíticos para se manter à frente das mudanças nos mercados de commodities. Ele ingressou na Argus pouco depois da fundação e não apenas se tornou CEO e presidente do conselho, mas também era altamente respeitado pelo profundo conhecimento dos mercados de energia e, especialmente, por seus relacionamentos com grandes clientes, grandes empresas de petróleo e negociantes. Compreender e responder às necessidades do cliente era fundamental para expandir a Argus e torná-la uma concorrente à altura da líder de longa data do setor, a S&P Global Platts.

Adrian tinha o foco nos clientes, ajudando-os a antecipar as futuras demandas do mercado e fornecendo ferramentas digitais de ponta para analisar e operar nos mercados de commodities, especialmente petróleo. Ele era estratégico e olhava para fora. Na verdade, ele contratou Robert como seu COO em 2010 para que pudesse se concentrar na estratégia geral, enquanto Robert cuidava do processo e das operações internas. Na época, foi o movimento certo para a organização. As habilidades de Robert como operador competente complementavam Adrian. Robert era eficiente e melhorou os processos.

Durante minha conversa com Adrian, descobri que ele estava comprometido com a expansão e o crescimento contínuos, e senti que a busca por uma estratégia global e a adição de novos recursos poderiam fazer a empresa crescer em valor nos próximos anos.

Eu me reuni com cerca de vinte outros executivos da Argus, que me revelaram as responsabilidades, as prioridades e os desafios de cada indivíduo. Também investiguei cuidadosamente cada profissional para saber suas percepções sobre a divisão entre Adrian e Robert. A história que ouvi era consistente. A maioria dos executivos da Argus se situava em um dos dois campos, sob o comando de Robert ou de Adrian. Além disso, os dois campos não estavam se comunicando ou se coordenando bem. A empresa, embora tivesse um bom desempenho, estava dividida em silos, o que era motivado, em grande parte, pela falta de coesão entre Adrian e Robert. A maioria dos executivos, independentemente do campo em que se encaixasse, expressou incerteza sobre quais ordens seguir.

Dada a sensibilidade do que descobrimos, contratamos a empresa de consultoria de liderança RHR International para dar um mergulho profundo e apresentar sua própria avaliação independente. As descobertas da consultoria sobre o conflito e a falta de coesão espelhavam as nossas. Por fim, tivemos de nos perguntar: com esse conflito, como poderíamos pegar uma empresa de US$ 1 bilhão e transformá-la em US$ 3 bilhões e US$ 4 bilhões? E qual visão facilitaria o alcance desse objetivo?

Rapidamente, descobri que muito desse desacordo era produto da maneira como Robert havia chegado ao cargo de CEO, uma contratação anterior ao investimento da GA. Adrian era uma pessoa extremamente brilhante e um autodidata de origem humilde — seu pai tinha sido o jardineiro de uma propriedade de um aristocrata inglês antes de ingressar na Força Aérea Real do Reino Unido na Segunda Guerra Mundial, e posteriormente abriu um negócio. O avô era mineiro de carvão e morreu em um colapso da mina em que trabalhava. Adrian estudou na Universidade de Cambridge e depois ingressou na indústria do petróleo, tendo o primeiro emprego na BP. Ele começou escrevendo discursos e apresentações para altos executivos, mas, depois das crises do petróleo da OPEP (Organização dos Países Exportadores de Petróleo), a partir da década de 1970, passou para a divisão comercial, onde aprofundou seu conhecimento em mercados e players. Em 1984, ele foi convencido a se juntar ao minúsculo boletim informativo britânico Argus, do qual se tornou acionista minoritário. Então, à medida que os mercados de petróleo se expandiram rapidamente em abrangência e sofisticação, nas décadas de 1990 e 2000, ele se tornou o CEO da empresa e expandiu enormemente os negócios.

Em 2014, porém, Adrian adoeceu. O conselho da Argus, ainda liderado pelos filhos do fundador, Jan Nasmyth, falecido em 2008, sentiu que precisava garantir uma liderança sólida em sua ausência. Robert fez lobby junto a eles e aos diretores independentes para ser alçado ao cargo de CEO, e o conselho concordou com isso em junho de 2015.

Quando a saúde de Adrian melhorou, ele voltou como presidente executivo e, posteriormente, a GA investiu no negócio. Robert esperava que Adrian se desvinculasse das responsabilidades operacionais diárias enquanto mantinha o cargo de executivo principal. Adrian possuía uma forte atitude de dono. Por ter conduzido a Argus por tantos anos, tinha um conhecimento mais profundo dos mercados e um relacionamento mais próximo com os clientes do que Robert. Isso foi útil para nos ajudar a entender a origem das dificuldades, mas ainda precisávamos descobrir como resolver o conflito e expandir o negócio sob uma liderança clara e unificada.

Para mim, o momento em que a névoa de reivindicações e apelações se dissipou foi em uma conversa em que perguntei a Robert sobre suas prioridades estratégicas dali para a frente. Ele mencionou questões como melhoria da gestão de desempenho e programas de incentivo, atualização de talentos e desenvolvimento dos processos operacionais. Duas questões críticas chamaram a atenção pela ausência — ele não mencionou os clientes e não descreveu uma estratégia voltada para o futuro, que permitiria à Argus permanecer líder em um mercado altamente competitivo e em constante mudança. Robert tinha muitos pontos fortes, mas não tinha a mesma experiência no setor que Adrian. Também questionei por que ele não se moveu mais rápido para atualizar e fortalecer sua equipe de gestão, já que isso estava entre suas principais prioridades.

Levei os dados que recolhi para Gabe e passamos por um processo iterativo pesando os prós e os contras das alternativas. Foi ficando cada vez mais óbvio que o forte de Adrian era visão, estratégia e relacionamento com o cliente, e que ele possuía um conhecimento incomparável do setor. Era difícil imaginar como poderíamos expandir a empresa sem essa visão.

Depois da conversa com Gabe, todos os acionistas, incluindo Adrian, se reuniram. Concluímos que a situação com Robert era insolúvel. Todos sentimos que era do interesse dos líderes e da empresa dispensar Robert. Em retrospectiva, um ponto forte desse processo foi que meus sócios e eu mantivemos a mente aberta e seguimos os fatos. Fomos rigorosos na coleta de dados sobre os dois líderes, cruzamos informações com outros executivos e ouvimos atentamente antes de tirar conclusões. Isso nos levou a fazer o que agora temos certeza de ter sido o movimento acertado.

Em janeiro de 2017, foi noticiado que, "segundo memorando interno da empresa, o presidente da Argus Media, Adrian Binks, retomará o cargo de diretor-executivo da agência de notícias e preços de energia oito meses depois do anúncio de sua venda para a empresa de investimentos norte-americana General Atlantic".

Mas isso ainda nos deixou com uma posição em aberto. Iniciamos a busca por um líder de alta qualidade que pudesse assumir o papel de COO, oferecer suporte a Adrian e, sob sua orientação, conhecer o mercado e os principais clientes.

Adrian, Gabe e eu começamos a discutir os critérios de busca do COO e permanecemos unidos durante esse processo. Precisávamos garantir que todos estivéssemos alinhados quanto às habilidades e experiências necessárias para a função. Sabíamos que era essencial mirar em alguém com um sólido histórico de crescimento de negócios e fortalecimento de tecnologia, além de liderança comprovada em toda a empresa. Talvez o fator mais importante fosse que precisávamos selecionar alguém capaz de trabalhar em colaboração com Adrian. Depois de considerar várias empresas, escolhemos a Heidrick & Struggles para liderar a busca.

Conhecemos muitos candidatos qualificados e acabamos chegando a quatro finalistas. Nos reunimos com cada um deles várias vezes, por até três horas por sessão. Um dos que preencheu todos os requisitos e parecia ter a personalidade certa para se encaixar e trabalhar com Adrian foi Matthew Burkley. Ele havia construído vários negócios bem-sucedidos, incluindo um que fundou, de modo que compreendia os desafios de expandir uma empresa. Também demonstrou muita energia empreendedora.

Na época, ele era CEO de outra empresa de informações, a Genscape, que fornece dados e análises em tempo real sobre commodities e mercados de energia. Ele havia triplicado o tamanho da empresa em seis anos, provando sua capacidade de expandir um negócio com segurança. Também tinha alta perspicácia estratégica e experiência em crescimento de negócios dentro da Thomson Reuters, o que lhe dava entendimento tanto dos setores de energia e informação quanto da tecnologia por trás deles. Embora relativamente jovem, era intelectualmente forte e tecnicamente competente, com um histórico sólido e experiência em ambientes empresariais e corporativos. Não menos importante, ele conhecia bem a Argus e estava entusiasmado com as perspectivas.

Ao reduzirmos a lista de finalistas, convidamos Matthew e outro candidato promissor para participar de um exercício de estudo de caso para que pudéssemos observá-los em ação e testar sua compreensão do negócio. Fornecemos a ambos os candidatos material financeiro e da empresa, e pedimos que preparassem e fizessem apresentações de 45 minutos ao comitê de seleção, seguidas de 45 minutos de perguntas e debate. Ambos tiveram um desempenho impressionante, mas Matthew levou vantagem, em parte por conta do relacionamento caloroso que parecia estar desenvolvendo com Adrian.

A questão crítica era se ele estaria disposto a ingressar como COO e trabalhar com Adrian, que seria CEO e presidente do conselho. Um dos outros finalistas havia desistido do processo por causa dessa condição. Matthew tinha consciência de que era um líder e não parecia o tipo de pessoa que deixava o ego atrapalhá-lo. Ele disse que entendia tanto a grande oportunidade apresentada pela Argus quanto os pontos fortes que Adrian oferecia para o negócio. Falei com Adrian e disse que estava preocupado que Matthew, assim como o outro candidato, recusasse o cargo se não recebesse o título de CEO. Adrian sugeriu levar Matthew para almoçar e ter uma conversa franca. Para nossa alegria, Adrian fechou o acordo, então contratamos Matthew como COO em setembro de 2017.

Ainda assim, tivemos o cuidado de garantir desde o início que não permitiríamos que as divisões se enraizassem e que estabeleceríamos uma base para uma colaboração construtiva. Adrian criou uma nova configuração de escritório, instalando Matthew e a si mesmo em salas com paredes de vidro, uma de frente para a outra, para que, literalmente, houvesse transparência. Cada um podia ver o que o outro estava fazendo e com quem estava se reunindo. Eles participavam juntos de reuniões importantes. Essa configuração gerou mais confiança, alinhamento e ajudou a garantir que seguissem uma agenda comum. O sistema tem sido um grande sucesso.

Em seu primeiro mês na empresa, Matthew colocou em prática um programa agressivo de gestão de desempenho e o usou para substituir gerentes de baixo desempenho, além de fortalecer a liderança mais profundamente na organização. Adrian e ele agiram rapidamente para desenvolver as capacidades de liderança sênior da Argus. Isso incluiu promover o ex-líder nos Estados Unidos a uma função de unidade de negócios global e, posteriormente, nomear um líder interno para uma função recém-criada de diretor comercial para supervisionar vendas e marketing em escala global. Com o nosso apoio, a Argus contratou novos CTO e CHRO e, desde então, um novo diretor editorial global e um líder para o negócio de petróleo nos Estados Unidos. Também reorganizou ou substituiu grande parte de sua gestão regional para criar um negócio mais globalmente focado.

Além disso, Adrian e Matthew trabalharam em conjunto e agiram rapidamente para reestruturar a organização, criando unidades de negócios com a intenção de impulsionar a *accountability* de P&L mais profundamente na organização. Os líderes de cada unidade agora possuem suas respectivas áreas de P&L e relacionamento com o cliente.

Apoiar Adrian como CEO e contratar Matthew como COO provou ser a estratégia certa, evidenciada pelo desempenho excepcional da empresa nos últimos quatro anos. Sob a liderança conjunta dos dois, os resultados da Argus continuaram a crescer na casa dos dois dígitos anualmente, e o negócio gerou mais de US$ 2 bilhões em valor desde nosso investimento inicial.

PRINCIPAIS APRENDIZADOS

ARGUS MEDIA

RAM CHARAN

Nada é mais devastador na criação de valor de mercado do que o desalinhamento entre as duas pessoas principais, seja o presidente e o CEO, ou o fundador e o CEO, ou o CEO e o COO. Isso pode ser tóxico. É o maior sugador de energia da corporação, de cima para baixo. Na Argus, vemos Anish e sua equipe identificar isso prontamente. Essa é uma área em que muitos podem cometer erros. Pode acontecer de escolher a pessoa errada, demitir as duas pessoas e perder tempo recrutando novas pessoas.

→ Para avaliar e decidir por um CEO ou qualquer executivo-chave de uma empresa, é preciso começar com um conjunto de padrões que defina como seria um líder "A". É essa a estrutura pela qual qualquer pessoa entrevistada deve ser avaliada. No caso do CEO, é fundamental que ele tenha uma compreensão profunda do cliente e de para onde os mercados estão se movendo. Sem o cliente, não há negócio. Um CEO de alta qualidade também deve ter uma visão estratégica para a empresa e usá-la para definir o rumo de sua equipe. Foi essa estrutura que permitiu que Gabe, Adrian e Anish tomassem a decisão correta, aquela que levou a Argus a criar mais de US$ 2 bilhões em capitalização de mercado.

→ Assim que souber que uma mudança precisa ser feita, é preciso agir de forma decisiva. É claro que existem momentos em que você deve parar e refletir, especialmente sobre mudanças permanentes e de alto impacto. Mas, depois de tomada a decisão, a velocidade é crítica. Isso foi crucial no caso da Argus. Em menos de um ano, Adrian reassumiu as funções de CEO e a busca pelo COO foi iniciada. Adrian, Gabe e Anish rapidamente se alinharam nos critérios de busca e começaram a trabalhar. Qualquer atraso nesse processo poderia ter resultado em um atraso no cumprimento das metas de investimento.

→ Não há atalhos na execução de uma busca. É preciso fazer diligência e se reunir com diversos candidatos várias vezes em diferentes configurações para ter certeza de que o líder certo será selecionado. Você pode pedir que os candidatos participem de estudos de caso, o que tem o benefício não apenas de vê-los em ação, mas também de deixá-los mais familiarizados e entusiasmados com a empresa e suas perspectivas para o futuro. Assim que o líder certo estiver a bordo, você deve prepará-lo para o sucesso. Crie confiança, crie transparência e colabore com ele. É assim que se promove uma relação de trabalho duradoura e se cria alinhamento na busca de um objetivo comum.

CAPÍTULO 8

CONSTRUIR UMA EQUIPE DE LIDERANÇA PARA UMA FUSÃO BEM-SUCEDIDA

HIRERIGHT

Guy Abramo assumiu o cargo de CEO da General Information Services, ou GIS, no início de 2018. Ele levou muito dinamismo e energia para a função. Ele havia sido presidente de negócios de consumo na Experian e trabalhado muitos anos em negócios de tecnologia e gerenciamento de dados, mas aquela foi sua primeira chance de ocupar o cargo de CEO e trabalhar para uma empresa de capital privado. Foi também uma oportunidade importante para a General Atlantic, que investiu na GIS em 2017, depois de uma longa busca por boas oportunidades no setor de verificação de antecedentes pré-contratação.

Desde 2014, meus sócios da General Atlantic, liderados por Peter Munzig, estudavam uma nova realidade crítica na vida corporativa, a mobilidade acelerada de executivos e funcionários entre empregos. Essa revolução do capital humano estava se espalhando pelo mundo dos negócios, afetando vários aspectos do processo de verificação de antecedentes pré-contratação. Verificar antecedentes, em particular, não é mais a rotina tediosa que costumava ser. As pessoas podem ter cinco empregos antes de completar trinta anos, e muitos mais nos anos seguintes. Cada vez que alguém faz uma mudança, as empresas precisam revisar números volumosos de candidatos a empregos para garantir que estão contratando talentos capazes.

Essa é uma preocupação especialmente sensível nos dias atuais, uma vez que problemas e conflitos com funcionários, caso venham à tona publicamente, podem se espalhar pelos canais de mídia social, manchando reputações e constrangendo empresas. Assim, na General Atlantic, Peter se concentrou em tentar investir em uma das empresas que prestam o serviço essencial de verificação de antecedentes, sendo eles a verificação de registros criminais, de ocorrências no trânsito, testes de drogas, histórico profissional e formação, requisitos de conformidade e triagem específicos do setor. A GIS, então a quarta maior do setor e com sede em uma pequena cidade da Carolina do Sul, nos Estados Unidos, respondeu a uma ligação de Peter e deu início a uma longa série de conversas que resultaram em nossa bem-sucedida incursão no setor. A General Atlantic adquiriu participação minoritária do fundador da empresa em março de 2017.

Quase cometemos alguns erros antes disso, mas na GIS sentimos que havíamos encontrado uma empresa com um histórico longo e estável, com uma sólida base de clientes e, mais importante, com uma plataforma que poderíamos expandir para multiplicar o valor de nosso investimento. É um setor de alta margem, e os relacionamentos com os clientes tendem a ser de prazo relativamente longo. Por isso, estávamos satisfeitos com as perspectivas. Além disso, era um setor fragmentado, com muitas empresas menores e capazes, então desde o início pensamos em oportunidades de consolidação, e não apenas em um crescimento orgânico. No entanto, precisávamos aprender muito enquanto explorávamos e avaliávamos a GIS.

Rapidamente, sentimos o gostinho da realidade. Descobrimos que a empresa, ainda controlada pelo fundador, tinha um desempenho razoavelmente bom, mas não estava pronta para os rigores da rápida expansão. A organização precisava de algumas atualizações importantes para atender aos objetivos do negócio. Isso não foi uma grande surpresa, já que a maioria das empresas são equipadas e administradas para onde estão no mercado em determinado momento, sem considerar onde esperam estar em dois ou três anos. O fundador, que ainda era o acionista majoritário, havia contratado um novo CEO, mas, quando analisamos os desafios do negócio, concordamos que precisaríamos de alguém com mais experiência em tecnologia e capacidade de instituir melhorias operacionais para preparar a empresa para um crescimento rápido. Isso deu início a um longo processo de busca que resultou na contratação de Guy, um líder experiente em tecnologia e orientado a dados.

Estávamos enfrentando uma questão central no processo de gestão de talentos da General Atlantic, que surge em muitos de nossos investimentos de portfólio em um momento ou outro. Quando expandimos empresas, elas não apenas crescem, elas também mudam. Os líderes precisam ser perspicazes, capazes de conduzir e gerenciar mudanças, ansiosos para adotar inovações e delegar *accountability* importantes aos membros da equipe e claros em responsabilizar os executivos e agir rapidamente para substituir aqueles que não possuam as habilidades para atingir as metas de desempenho. Minha metodologia de avaliação é construída em torno do reconhecimento de padrões para o que será bem-sucedido e o que precisa de apoio, treinamento ou substituição. Isso foi fundamental em nossa busca para a GIS e em meus esforços para apoiar meus parceiros na transformação do investimento.

Guy, nossa escolha para CEO, era proativo e focado em resultados, e rapidamente reuniu informações sobre a GIS assim que a assumiu, avaliando sua liderança, desafios e como poderia começar a expandi-la de acordo com os aspectos da negociação com a General Atlantic. Ele chegou a algumas conclusões preocupantes rapidamente.

Dez dias depois de fazer seu próprio mergulho profundo na organização, Guy encontrou uma empresa que, em aspectos importantes, estava afundando, com uma longa lista de impedimentos para o sucesso da operação. Ela não atraía novos clientes importantes havia vários anos e vinha perdendo outros lentamente. Era uma estrutura liderada por vendas, com uma organização de vendas de alto nível, mas tecnologia fraca. Isso era importante, já que o segredo para o crescimento e a expansão em todo o mundo seria ter uma plataforma eficaz para oferecer um serviço melhor e mais rápido aos clientes. A tecnologia era o calcanhar de Aquiles da GIS. O CIO não parecia estar à altura de liderar as atualizações necessárias. No geral, a organização e as operações da empresa careciam da maturidade de um negócio global de alto volume.

Depois de um mês, Guy discutiu suas considerações com Peter e a equipe da General Atlantic. Ele disse ao grupo que, em sua opinião, seria preciso investir muitos milhões imediatamente em grandes atualizações de tecnologia e em lideranças mais preparadas para várias funções, um processo potencialmente demorado, ou considerar o que Peter vinha contemplando havia tempos: encontrar um parceiro de fusão que trouxesse escala e uma plataforma global. Como ninguém queria perder um ano ou mais em um processo de reconstrução incerto, todos concordaram que a opção mais atraente parecia ser encontrar um parceiro.

Peter já conhecia bem o setor e seus players, então avaliou rapidamente as aquisições em potencial e fez algumas sondagens. Ele encontrou um candidato, a HireRight, uma importante instituição do setor. Com raízes no início dos anos 1980 e crescimento a partir de suas próprias aquisições ao longo dos anos, a HireRight era a terceira maior no ramo. Os proprietários enfrentavam dificuldades que, felizmente, não tinham relação com as operações. Isso representou uma oportunidade de adquirir a empresa, mesmo ela sendo maior que a GIS.

Após um processo competitivo, a General Atlantic adquiriu o que se tornou uma participação de 52% na empresa criada pela fusão da GIS e da HireRight. A fusão foi concluída em apenas alguns meses, em julho de 2018, e a sede da companhia recém-ampliada foi transferida da Carolina do Sul para Irvine, na Califórnia, onde ficava a sede da HireRight. Isso instantaneamente tornou muito mais fácil recrutar novos talentos.

A HireRight tinha uma excelente base de clientes, entre eles várias das maiores empresas do mundo. Ela estava crescendo e possuía uma plataforma tecnológica melhor do que a GIS. Também era uma marca respeitada na indústria. A filosofia da General Atlantic é focada na criação de valor por meio da expansão de empresas promissoras, mas, nesse caso, descobrimos que também poderíamos remover custos significativos eliminando redundâncias e encontrando sinergias ao fundirmos os sistemas da GIS e da HireRight. Planejamos e reduzimos os custos em cerca de US$ 30 milhões por ano.

Foi um começo promissor, então Guy rapidamente convocou uma grande reunião entre os executivos da empresa recém-fundida, que ficou com o nome de HireRight, em Newport Beach, na Califórnia. Ele queria conhecer a equipe de liderança, fortalecer a motivação e a colaboração, além de começar a definir e articular prioridades. Mas, enquanto se preparava para falar ao grupo pela primeira vez, Guy teve seu segundo choque desde que se tornara CEO. Ele me contou mais tarde que o que viu foi um mar de rostos infelizes. Era uma mistura óbvia de dúvida e desgosto. Ele nunca havia enfrentado esse tipo de hostilidade aberta, mas os executivos da HireRight não esconderam a preocupação de serem adquiridos pela GIS, uma empresa menor e que consideravam não ser tão sólida ou do mesmo calibre da antiga HireRight. Os desafios de unir duas organizações tão diferentes e criar um negócio unificado e tecnologicamente mais inovador de repente pareceram mais assustadores.

Em suas pesquisas, Guy descobriu que a HireRight que ele havia herdado também tinha algumas deficiências operacionais críticas e necessidades de liderança que poderiam impedir o processo de expansão. A infraestrutura tecnológica era fragmentada, com três sistemas que precisariam ser atualizados e fundidos — um para empresas de saúde, outro para clientes internacionais e uma plataforma principal. Para dificultar ainda mais, eles haviam acabado de investir mais de US$ 20 milhões em um novo *data center*, coisa que, descobriu Guy, poderiam ter feito de maneira mais barata e mais eficiente, fazendo a transição para um sistema baseado em nuvem. Ele também sentiu que precisava melhorar significativamente a equipe de liderança.

A diretora de recursos humanos trabalhava remotamente, em Nova York, e, por isso, tinha pouco contato direto com os funcionários em Irvine e em outros lugares, um problema decisivo para uma empresa com 3 mil funcionários. Havia poucos sistemas eficazes de rastreamento de desempenho para avaliar a gestão. Guy decidiu que teria de contratar um novo CHRO para trabalhar no local, o que também era uma oportunidade de transformar e atualizar a posição para elevar a importância do desenvolvimento e gestão de talentos na empresa. Ele descobriu que os níveis de gerência intermediária da HireRight tinham muitos talentos excelentes. Isso foi útil, mas ele acreditava que um problema geral importante era que os executivos e as equipes de liderança não tinham o conhecimento ou a experiência que precisavam para expandir os negócios e, possivelmente, tampouco o desejo.

No final de 2018, Peter me pediu para fazer uma avaliação organizacional e de liderança completa da HireRight, desenvolver uma imagem mais clara de suas necessidades e preparar um plano para colocá-la nos trilhos. Para isso, precisaríamos fazer uma avaliação da equipe de liderança, examinar as prioridades de curto e de longo prazo, recomendar onde eles precisavam de atualizações de talentos, avaliar a estrutura organizacional e o ritmo operacional, e mapear uma visão ampla da motivação dos funcionários. Seria uma atividade exigente, mas as descobertas dessa avaliação nos ajudariam a garantir que Guy tivesse as prioridades certas e o apoio para essa fase difícil do trabalho.

Havia também uma questão importante em que precisávamos ajudar Guy a confrontar. Ele nos disse que temia que, se resolvesse muitas das deficiências da empresa de uma só vez, da substituição de executivos até uma reorganização, poderia quebrar o negócio e causar uma paralisia na gestão. Nossa avaliação, esperávamos, daria a ele a confiança de que precisava e o deixaria saber como deveria acompanhar a transformação.

Talvez mais importante, tínhamos de analisar se Guy, por melhor que tivesse sido para levar alguma estabilidade ao negócio após a fusão, agora cuidando de detalhes operacionais e incutindo maior foco em suas prioridades, era a pessoa certa para liderar a HireRight da forma que a havíamos expandido e se seria capaz de administrar a empresa que esperávamos que ela fosse em três anos, quando seria muito maior e mais internacional.

Começamos avaliando todos os membros da liderança e, em março de 2019, quando terminamos, encontramos resultados mistos. Confirmamos a opinião de Guy de que eles precisavam de atualizações de talentos importantes em áreas como tecnologia, recursos humanos, crescimento de receita e vendas. O próprio Guy parecia forte como líder operacional.

No geral, o feedback sobre Guy foi positivo. A equipe tinha confiança de que ele era o CEO certo para levar a empresa adiante. No entanto, também levantamos um espelho e citamos alguns dos comentários críticos de sua equipe, para que ele entendesse que era um feedback útil e sincero, e expusemos as recomendações de nosso relatório em uma reunião que se estendeu por quase três horas. Ele sabia que havíamos passado mais de duas horas com a maioria de seus executivos e tínhamos centenas de páginas de anotações em nossa análise baseada em dados. Cada CEO reage de forma diferente ao feedback, alguns com ressentimento, mas Guy rapidamente abraçou nossas percepções. Ele valorizou o apoio, as oportunidades de desenvolvimento e os recursos que a General Atlantic trouxe.

Uma de nossas percepções foi que, dada a fraqueza da equipe de liderança, Guy estava cada vez mais envolvido em questões operacionais granulares. Seu ritmo era rápido e ele envolvia-se intensamente nos assuntos do dia a dia. Avaliamos que ele precisava atualizar e reduzir o número de subordinados diretos pela metade. Guy sentia que precisava estar profundamente imerso devido à natureza precária do negócio à medida que a fusão avançava, mas explicamos que, por conta de seu estilo operacional fechado, ele dedicava pouco tempo a objetivos estratégicos maiores.

Ele precisava criar alavancagem, delegar mais responsabilidades para a equipe e garantir que houvesse um sistema para responsabilizá-los pelo desempenho. Isso liberaria mais tempo para o desenvolvimento de objetivos maiores para o negócio, como a plataforma de produtos, investir tempo em reuniões com clientes importantes e trabalhar na expansão internacional. Além disso, se pretendíamos abrir o capital da HireRight, seria necessário dedicar mais tempo aos assuntos da empresa pública.

Uma grande transição estava em andamento na HireRight. Havíamos combinado duas empresas, deixando alguns gestores insatisfeitos, embora a maioria parecesse valorizar os pontos fortes de Guy como CEO. De modo geral, a empresa tinha um bom desempenho, mas ainda não havia a estrutura organizacional adequada nem o ritmo operacional que sabíamos ser necessário para multiplicar o valor conforme planejado. Era necessário fazer algumas contratações importantes e trabalhar nas atualizações de tecnologia.

E precisávamos pensar na cultura. Eu sabia que Guy e Peter estavam preocupados em não tentar forçar muitas mudanças injetando vários novos líderes rápido demais em um sistema já estressado. Porém, concluí que havia mais risco em ter talentos medíocres em posições-chave do que em seguir em frente. Não havia necessidade de nos contermos. Quanto mais esperássemos, mais tempo seria perdido e mais desafiador seria expandir a empresa e atingir as metas de aumento de valor.

Baseei minha avaliação em três prioridades principais: crescimento da receita, desenvolvimento de uma plataforma tecnológica global e construção de uma infraestrutura operacional eficiente.

Para atingir essas prioridades, precisávamos de um CRO (*Chief Revenue Officer*), um CPO e um diretor de operações. Talvez o mais importante era que também precisávamos de um CHRO que pudesse não apenas dar suporte para esses recrutamentos, mas também ajudar Guy a montar uma equipe de liderança consistente, assimilar e integrar novos líderes e conduzir uma cultura de alto desempenho. Um CHRO de alta qualidade pode ter um impacto significativo no desempenho dos negócios e fortalecer a colaboração entre as funções.

Oferecemos suporte a Guy em sua busca pelo CHRO. A escolha, e a forma como ela funcionou, reafirmou e aprofundou minha visão do novo modelo da função. O CHRO deve ser o principal impulsionador do desempenho corporativo geral, não um administrador isolado operando em uma torre.

Guy concordou que precisávamos de um CHRO que fizesse mais do que administrar uma série discreta de funções de funcionários. Ele queria um consultor de confiança, um colaborador, alguém que se comunicasse bem com a equipe e oferecesse a ela apoio suficiente. Queria alguém que atuasse como a cola dentro da equipe, certificando-se de que todos se entendessem e estivessem bem sincronizados na busca dos principais objetivos estratégicos, trocassem informações com eficiência e fossem responsabilizados pelo desempenho.

Guy levou quase seis meses para reduzir os candidatos a quatro finalistas. Todos eram profissionais realizados, mas ele tendia para a mais jovem e menos experiente, Chelsea Pyrzenski, que já havia trabalhado na Vizio e desempenhado um papel importante promovendo uma gestão de mudanças bem-sucedida na DirecTV. Ele sentiu que os dois tinham mais química, que ela seria sincera em suas avaliações e que se libertaria do antigo modelo de líder de RH.

Na verdade, ela transformou a posição, dedicando menos tempo às funções administrativas tradicionais de recursos humanos e mais tempo para garantir uma melhor comunicação e coesão na equipe de liderança, acompanhando o desempenho, fortalecendo o desenvolvimento e a construção de pipelines de talentos, além de transformar a função em um parceiro de negócios importante da equipe de liderança e não apenas em mais um centro de custo. Tudo isso aumentou a eficácia de Chelsea. Ela substituiu e atualizou cerca de dois terços da equipe de RH, desenvolveu novos programas de remuneração e monitora regularmente o engajamento dos funcionários.

Chelsea fez seu trabalho com uma noção clara das mudanças que precisava incutir na equipe de Guy. Isso começou com esforços para construir confiança. Ela precisava persuadir os executivos de que era uma ouvinte imparcial e não apenas um canal para Guy. Seu foco, ela deixou claro, era o desempenho empresarial bem-sucedido e que era perita em ajudar os executivos a aprimorarem suas contribuições e atingirem seus objetivos. Isso deu a ela credibilidade e melhorou a confiança deles.

Chelsea passou um tempo trabalhando com Guy na construção de uma equipe colaborativa e coesa. Quando os executivos compartilharam sua preocupação de que as reuniões tendiam a ser breves e focadas demais em itens específicos da agenda, ela trabalhou com Guy para afrouxar as agendas e criar mais tempo para discussões mais profundas sobre as prioridades e para a solução de problemas. Não é de surpreender que às vezes houvesse diferenças entre o que Guy acreditava estar comunicando e o que sua equipe considerava ter ouvido. Chelsea conseguiu explicar essas diferenças para Guy e o ajudou a entender como poderia expressar seus pensamentos de forma mais eficaz para obter a adesão da equipe e fortalecer a atitude de dono.

Chelsea enfatizou o fortalecimento do talento de maneira mais profunda na organização. Ela fez parceria com cada um dos membros da equipe de liderança para identificar as posições críticas em suas funções, detectar possíveis lacunas e áreas de desenvolvimento, além de elaborar uma estratégia para atrair e reter talentos para essas vagas. Em particular, ela apoiou o CRO, o CTO e o CPO na atualização dos talentos de suas áreas.

Ela também trabalhou ativamente na construção e melhoria da cultura da organização. Melhorou a comunicação de Guy, certificando-se de que a estratégia, as prioridades, a missão e a visão da empresa fossem devidamente transmitidas e compreendidas. Por causa disso, as pontuações do eNPS (*employee Net Promoter Score*) melhoraram em 33% desde que ela ingressou na empresa. A confiança na equipe de liderança aumentou, as pessoas sentem que têm os recursos e as ferramentas para fazer seu trabalho, e a transparência melhorou.

É comum que o CHRO gaste um relevante percentual de seu tempo focado internamente. Acho muito provável que os futuros CHROS precisem ser mais orientados para fora da empresa, comparando as pessoas e as capacidades organizacionais dos concorrentes, construindo grupos de talentos de forma proativa e aprendendo a aproveitar talentos que estejam além dos limites de sua organização. Quanto mais os CHROS puderem se libertar da função administrativa de RH e se concentrar na criação de talentos e capacidades organizacionais por trás das prioridades de missão crítica, melhor será para os negócios.

Em 2019, a empresa concluiu a construção da plataforma principal e migrou seus clientes para ela. Eles desenvolveram capacidades em vendas e marketing, levando a um primeiro trimestre recorde em 2020. A pandemia afetou os negócios, pois a economia se contraiu, e as contratações diminuíram. Guy percebeu que as mudanças estavam chegando e agiu com rapidez excepcional para dimensionar corretamente a organização, mantendo as margens, mas ao mesmo tempo desenvolvendo recursos para adquirir mais e melhores clientes. Em conversas com o conselho, descobrimos que ele demonstrou grande liderança e confiança ao longo do ano, assim como sua equipe. O aperfeiçoamento da comunicação durante a pandemia, que garantiu a segurança dos funcionários e focou no bem-estar organizacional, fez com que a motivação continuasse melhorando. A HireRight está pronta para continuar sua expansão acelerada e espera um crescimento de dois dígitos.

PRINCIPAIS APRENDIZADOS

HIRERIGHT

RAM CHARAN

Quando sua empresa não tem os recursos necessários para se expandir e multiplicar valor, você precisa ser criativo. No caso da HireRight, foi uma fusão de dois negócios, mas, ainda mais complexo, foi uma empresa menor comprando uma maior. Essa história traz à tona a importância de agir rapidamente, o papel do CHRO e a necessidade de formar a equipe certa para ajudar um CEO e uma empresa a prosperarem.

→ Alguns meses após a fusão, Peter Munzig e Guy Abramo procuraram Anish dizendo que seria importante desenvolver uma estratégia de talentos para a empresa. Dada a complexidade da fusão, havia o risco de que uma ação rápida demais pudesse quebrar a empresa, mas, se eles não agissem com agilidade suficiente, nunca alcançariam os objetivos do negócio. Guy compreendia isso perfeitamente. Ele se movia incrivelmente rápido, era orientado por resultados e puxava todas as alavancas certas de criação de valor. Ele assumiu a missão impossível de reconstruir quatro plataformas e migrar para uma única em doze meses e conseguiu.

→ Peter e o conselho sabiam que a HireRight tinha potencial para ser uma empresa de capital aberto. Isso significava que Guy precisava estar cercado de líderes que pudessem dar a ele o suporte necessário para que saísse do operacional para ser mais estratégico, e também para potencialmente fazer a transição para o cargo de CEO de uma empresa de capital aberto. Os CEOS de empresas de capital aberto precisam desse suporte, pois até 20% de seu tempo serão dedicados a assuntos de empresas dessa categoria. Guy encontrou os líderes certos a quem poderia delegar, em vez de correr constantemente a 160 quilômetros por hora.

→ Você pode ser um CHRO capaz de afetar o valor de mercado de sua empresa sem ter um longo histórico de experiência em CHRO. Guy contratou Chelsea, uma jovem talentosa que ele sentiu que poderia conduzir a mudança de que a organização precisava. O que tornava Chelsea tão boa é que ela conseguia que os executivos da equipe de liderança se concentrassem em áreas críticas de trabalho nas quais o CEO queria e garantia o cumprimento dessas decisões. Chelsea se libertou do modelo típico de CHRO, dedicando menos tempo a questões administrativas, dedicando-se em construir a confiança entre a equipe de liderança e garantindo que todos trabalhassem em conjunto de forma eficaz e com boa comunicação entre si. Ao fazer isso, ela liberou tempo para o CEO investir em aspectos de mais impacto. A marca registrada de um CHRO bem-sucedido é fazer contribuições visíveis e mensuráveis para o desempenho dos negócios.

CONSIDERAÇÕES FINAIS

Não é surpresa que o talento certo nas funções certas multiplique o valor de mercado. Isso não muda há séculos, não está mudando agora e não mudará no futuro. Mas, então, por que algumas pessoas fracassam e outras obtêm sucesso fenomenal? Por que algumas pessoas obtêm sucesso a curto prazo e fracassam a longo prazo? Poucas são bem-sucedidas em ambos. É aí que reside o segredo de que o "modelo do talento certo" não é apenas um processo. Aproveitar o talento para a criação de valor exige uma revisão das práticas tradicionais de RH para aumentar a *accountability* e o foco nas decisões críticas de talento. Tive a oportunidade de aprender, criar e implementar essa filosofia ao longo da minha carreira. Como eu cheguei aqui?

Uma das minhas principais experiências profissionais formativas ocorreu logo depois que ingressei na Novartis, a empresa farmacêutica, em 2000. Tive uma reunião com nosso carismático CEO, Daniel Vasella, assim que comecei como diretor de talentos, para discutir minhas prioridades e planos. Depois de conversarmos brevemente, ele fez uma observação que, aparentemente, era sobre algo que o incomodava. "Tenho 200 mil funcionários", disse ele, "mas não sei onde está o talento."

Seu ponto foi impressionante e, tenho certeza, algo familiar para muitos CEOs de grandes empresas: é fácil obter dados pessoais dos funcionários e detalhes de currículo, mas é extremamente difícil identificar mais profundamente os verdadeiros potenciais. Dan reconhecia que o futuro da Novartis dependia da capacidade de se adaptar e se destacar em um mercado altamente competitivo e em rápida mudança. Para isso, era preciso identificar e desenvolver líderes promissores, mas ele não tinha as ferramentas ou os dados certos para encontrá-los.

Foi uma declaração poderosa sobre o estado da gestão de capital humano, e Dan deixou claro que precisava de sistemas melhores para garantir que ele tivesse não apenas a quantidade certa de pessoas competentes em cargos apropriados, mas também talentos de alto potencial, constantemente nutridos e desafiados, para inovar e impulsionar o crescimento da Novartis. Ele me encarregou de redefinir os programas de talentos da empresa e construir um canal de futuros líderes para oferecer um desempenho superior.

Essa missão e a experiência na Novartis tiveram um impacto profundo em minha carreira profissional e na filosofia que sigo. Dan sentia que a Novartis estava superestimando as contratações externas para cargos seniores e precisava construir um sólido canal interno de talentos para apoiar seus objetivos audaciosos. Ele disse que não queria apenas conquistar um bom ano ocasional; queria produzir recordes de desempenho todos os anos. Para isso, precisava de talentos superiores e de um mecanismo consistente.

Na Novartis, trabalhei em estreita colaboração com os CEOs das divisões e recrutei na própria empresa funcionários de alto potencial para ajudar a desenvolver um currículo de programas de talentos que teria impacto no desempenho a curto e longo prazo. Durante meu tempo lá, trabalhamos em uma abordagem que ajudou toda a organização a "falar sobre talentos" de maneira unificada e consistente, e desenvolvemos vários programas para identificar, orientar e aperfeiçoar talentos de alto potencial. Esse processo metódico de preparação que criamos fortaleceu as habilidades dos participantes dos programas, aumentou a motivação e resultou em um sólido banco de talentos ao qual podíamos recorrer para preencher posições importantes.

Essa estratégia de talentos teve amplo impacto na empresa e em seu desempenho. Quando iniciamos o programa, cerca de 70% das vagas de alta gerência eram preenchidas com pessoas recrutadas externamente. Os programas que implementamos nos ajudaram a inverter esse percentual e nos permitiram começar a preencher a maioria dessas vagas com candidatos internos.

A notícia se espalhou. Ao longo dos anos, aqueles que passaram por nosso programa de desenvolvimento acelerado e orientação de CEOs foram, sem surpresa, muito procurados por outras empresas em busca de talentos de alto desempenho. Pelo menos dezoito dos participantes do programa foram contratados como CEOs de outras empresas, transformando a Novartis em uma espécie de fábrica de CEOs.

Essas experiências ajudaram a moldar minha visão de que o talento é um mecanismo central de criação de valor, um gerador de valor que separa empresas medíocres de empresas consistentes. Nem sempre é fácil manter o foco nessa verdade em meio à complexa rotina diária que acompanha a administração de organizações de alto crescimento.

Essa mesma filosofia está profundamente enraizada na General Atlantic e é articulada regularmente por nosso CEO, Bill Ford. O manual de talentos da GA provou seu valor repetidamente. Os estudos de caso que você leu exemplificam como essa metodologia funciona na vida cotidiana. Eles também ilustram que a seleção de talentos superiores é fundamental, mas é igualmente importante ter os incentivos e o ambiente certo para que se destaquem. Como Bill Ford e Alex Gorsky enfatizaram em nossas conversas, CEOS de crescimento constroem equipes de alta qualidade. Eles recalibram a balança regularmente e trabalham para elevar o nível de talento; além disso, avaliam os líderes, não apenas em relação ao desempenho que tiveram no passado, mas também em como estão posicionados para enfrentar os desafios do amanhã. Eles colocam o negócio em primeiro lugar e estão dispostos a se desligar de executivos anteriormente de alto desempenho quando não atendem às necessidades exigidas para o crescimento futuro.

É importante ressaltar que outra qualidade importante de um CEO de crescimento eficaz é a autoconsciência. Líderes de alta qualidade entendem seus pontos fortes, bem como suas limitações; entendem como o negócio deve evoluir para aproveitar novas oportunidades e estão ansiosos para abraçar novas ideias. Como CEO de alto potencial, essa foi uma das características mais impressionantes do CEO da Oak Street Health, Mike Pykosz. Ele e os outros cofundadores vinham do mundo da consultoria e tinham experiência operacional limitada. Mike entendia isso. Na primeira vez que nos encontramos em uma sala de conferências da General Atlantic, ele expressou satisfação por eu estar disponível para apoiá-lo no desenvolvimento de sua equipe de liderança e estratégia de talentos. Os CEOS podem relutar em receber conselhos, mas Mike estava entusiasmado e aberto a eles. Eu lhe disse que ele nunca deveria subestimar o investimento em seu desenvolvimento, e ele me escutou. O CEO precisa crescer tão rápido quanto a empresa e ficar à frente.

Ao olhar para o ambiente econômico atual, acredito que a gestão estratégica de talentos se tornará significativamente mais importante nos próximos anos, à medida que as economias global e norte-americana emergirem do trauma e da tragédia da pandemia de covid-19. Na nova era em que viveremos, que será, sem dúvida, um percurso de contratempos, mas também de oportunidades excepcionais, encontrar formas inovadoras de atrair e reter talentos de alto desempenho será o motor da criação de valor, a diferença entre a mediocridade e o desempenho superior.

As atuais condições econômicas provavelmente colocarão isso ainda mais em foco. Começo com a visão de que esperamos que o consumo, esmagado pelo peso da paralisação, exploda conforme as medidas de estímulo do governo se consolidarem, as taxas de vacinação aumentarem e as de infecção caírem. Como já vimos, todos os níveis de atividade econômica foram impactados. As cadeias de abastecimento ficarão estressadas, criando enormes desafios de gestão. Talentos ágeis, imaginativos e disciplinados farão a diferença e talvez determinem quais negócios podem tirar proveito da ampliação.

Nas palavras de Martin Escobari, copresidente e presidente do nosso comitê de investimentos: "Os deslocamentos globais criados pela pandemia são apenas um exemplo do ritmo acelerado de revolução que os negócios enfrentam globalmente. Vimos os benefícios da integração global e das tecnologias disruptivas, mas elas também trazem novos riscos. A difusão de eventos disruptivos (como a pandemia) ou tecnologias (como as redes sociais ou finanças distribuídas) pode mudar drasticamente a posição competitiva de uma empresa da noite para o dia. Para se preparar para um mundo onde o caos ocorre com mais frequência, as empresas precisarão evoluir. A evolução bem-sucedida requer uma nova estratégia de talentos".

Como resultado, a guerra por talentos só ficará mais intensa. Líderes com registros comprovados de alto desempenho serão perseguidos como nunca. Será mais difícil e mais caro recrutá--los e retê-los.

Antes, em especial para pensadores empresariais conservadores, o objetivo era encontrar candidatos que já tivessem desempenhado as funções que precisavam ser preenchidas, executivos com experiência comprovada, o que dava a eles uma falsa sensação de segurança. À medida que a oferta por talentos se torna mais competitiva e o ritmo de inovação e disrupção continua aumentando, os líderes precisam aprender a contratar, reter e desenvolver talentos com potencial de escala.

Ou seja, as empresas terão que apostar no potencial. Isso significa que elas terão de ser hábeis para avaliar talentos e reconhecer promessas que podem não ter ainda florescido totalmente.

Construir uma equipe de liderança consistente continuará sendo fundamental para o desempenho dos negócios, o que significa que as empresas devem trabalhar em um recrutamento com foco em velocidade e precisão, mas também planejar e preparar um pipeline sólido de talentos dentro da empresa. Alguns dos melhores recrutas terão de ser contratados internamente, o que significa que o uso de programas sistemáticos, semelhantes aos que desenvolvi na Novartis, para identificar essas pessoas e prepará-las para que estejam prontas quando surgirem oportunidades importantes.

E esse talento não pode ser uma cópia carbono dos líderes que vieram antes. Na economia do conhecimento que impacta todas as áreas de nossa vida, os líderes empresariais precisam de uma gama mais ampla de habilidades do que anteriormente necessário para fornecer múltiplos na criação de valor. No mundo globalmente conectado, as organizações devem colaborar mais do que nunca, tanto internamente quanto com outras organizações e parceiros, além de fronteiras e disciplinas. As futuras gerações de líderes devem ser mais ágeis e confortáveis com a ambiguidade, e estar prontas para prever e construir capacidades fora da curva. O líderes do futuro precisarão aprender em um ritmo muito mais rápido do que nunca e ser os impulsionadores da inovação e da mudança.

À medida que as qualidades que definem um grande líder evoluem, também evoluem as qualidades que definem uma grande equipe. As equipes de liderança serão mais distribuídas e diversificadas, o que, por sua vez, exigirá reescrever as regras de engajamento. As equipes precisarão ser mais fluidas e proporcionar experiências e habilidades complementares, bem como diferentes perspectivas e formações.

Para ter sucesso, as empresas precisam começar a se preparar agora, reconhecendo o papel crítico da gestão de talentos na cadeia de valor e como esse imperativo está evoluindo.

Preparem seus manuais!

AGRADECIMENTOS

Ram e eu somos muito sortudos por termos sido expostos a tantos grandes líderes com quem aprendemos ao longo dos anos. Cada uma de suas histórias únicas moldou nossa própria visão como líderes de negócios e formou nossa crença de que o talento é o verdadeiro multiplicador de valor. Todos são criadores de valor para as organizações, e somos profundamente gratos por termos tido a oportunidade de trabalhar de perto com cada um deles.

Também gostaríamos de agradecer a todos os indivíduos que foram tão generosos com seu tempo, apoio e percepções para a criação deste livro. Na Oak Street Health: Mike Pykosz. No Depop: Maria Raga. Na Vishal Retail: Gunender Kapur. Na TPG Capital: Puneet Bhatia. Na Johnson & Johnson: Alex Gorski. Na Hemnet: Cecilia Beck-Friis. Na Argus Media: Adrian Binks. Na HireRight: Guy Abramo e Chelsea Pyrzenski.

Também sou imensamente grato aos meus sócios da General Atlantic. Sem sua convicção e crença de que o talento é o verdadeiro multiplicador do valor de mercado, este livro não teria sido possível. Eles abraçaram nosso esforço e promoveram um senso de colaboração e parceria no verdadeiro sentido das palavras. Isso é impulsionado pela dedicação e foco que Bill Ford depositou sobre o talento, incorporando ao DNA da General Atlantic. Além disso, gostaria de agradecer aos parceiros que forneceram seu apoio neste livro, incluindo: Steven Denning, Robbert Vorhoff, Melis Kahya, Chris Caulkin, Gabriel Caillaux, Peter Munzig, Martin Escobari, Anton Levy, Frank Brown, Mike Gosk, Kelly Pettit e Mary Armstrong.

Também agradeço a alguns de meus outros sócios da General Atlantic e outros líderes empresariais com quem aprendi muito e que foram grande fonte de inspiração. A lista inclui: David Hodgson, Aaron Goldman, Paul Stamas, Graves Tompkins, Alex Crisses, Tanzeen Syed, Kell Reilly, Sandeep Naik, Shantanu Rastogi, Justin Sunshine, Brett Zbar, Andy Crawford, Andrew Ferrer, Shaw Joseph, Joern Nikolay, Christian Figge, Luis Cervantes, Eric Zhang, Lefei Sun, Preston McKenzie, David Buckley, Justin Kotzin, Cory Eaves, Alok Misra, Rob Perez, Lu Wang, Gary Reiner, Achim Berg, Ashok Singh, Thomas Ebeling, Norman Walker, Ken DiPietro, Neil Anthony, Abilio Gonzalez, Mahendra Swarup, Bob Swan, Michel Orsinger, Jeff Raikes, Steve Schneider, Jim Williams, Jin-Goon Kim, Sid Kaul, Ludwig Hantson e Dan Vasella.

Também reconhecemos as grandes contribuições de James Sterngold e agradecemos a ele por tornar a ideia deste livro uma realidade. A profunda experiência e as habilidades de escrita de Jim nos ajudaram a dar forma aos estudos de caso, extraindo as principais lições e transformando fatos, anedotas e história em narrativas convincentes que qualquer leitor pode captar e compreender.

Merrill Perlman foi de grande apoio editorial, ajudando a profissionalizar o conteúdo, e foi um prazer trabalhar com ela.

Rohit Bhargava, da IdeaPress Publishing, e Mark Fortier e Nick Davies, da Fortier Public Relations, foram fundamentais para que este livro fosse publicado.

Também agradeço à minha equipe na General Atlantic, que tem contribuído para o sucesso da empresa e de seus investimentos, sempre me incentivando a ser a melhor versão de mim mesmo como líder. Agradecimentos especiais a Alex Stahl e Lindsay Bedard, que me apoiaram durante todo o processo e deram orientação e feedback inestimáveis para o livro. Agradeço também a outros membros da minha equipe na General Atlantic, incluindo Asha Krishnan, Annah Jamison, Asel Ashergold e Claire Hogg.

Ram e eu precisamos agradecer a Cynthia Burr e Geri Willigan, da Charan Associates, bem como a Whitney Foreman, da General Atlantic, que administrou a complexa logística do projeto com cuidado e atenção aos detalhes.

Por fim, e talvez o mais importante, quero agradecer à minha família estendida, incluindo minha mãe, meu pai e meu irmão, Rajnish, que mais do que ninguém incutiu em mim o valor de buscar a excelência. Quero agradecer ao dr. K.L. Chadha e a Mohit. E, talvez o mais importante, quero agradecer aos meus filhos, Archit e Arnesh, e à minha esposa, Mona, que ficaram ao meu lado enquanto viajávamos ao redor do mundo. Um parceiro de vida faz a viagem e o destino valerem a pena.

FONTES Karmina, Sharp
PAPEL Alta alvura 90 g/m²
IMPRESSÃO Imprensa da Fé